Lk. 15.

COMMISSION

POUR LA VERIFICATION DES DETTES de la Province de Bourgogne.

LOUIS par la grace de Dieu, Roi de France & de Navarre : à Nôtre trés-cher & bien Amé Cousin le Prince de Condé, Premier Prince du Sang, & Premier Pair de France, Gouverneur & nôtre Lieutenant Général en nôtre Province de Bourgogne & Bresse ; & à nôtre Amé & Féal Conseiller en nos Conseils, Maître des Requêtes ordinaire de nôtre Hôtel, le Sieur Bouchu, Intendant de Justice, Police & Finances en nôtredite Province de Bourgogne & Bresse : SALUT. Ayant fait examiner en l'Assemblée Générale des Etats de nôtredite Province de Bourgogne, tenuë en nôtre Ville de Dijon au mois de Juin de l'année presente 1662, les moyens d'acquitter les dettes des Villes & Communautés de ladite Province, il en auroit été proposé plusieurs contenus en la Délibération desdits Etats. Mais étant necessaire avant toutes choses de reconnoître la quantité & qualité desdites dettes, parmi lesquelles il s'en trouvera plusieurs contractées sous divers prétextes, par ceux qui ont eu l'administration des affaires publiques, dont l'emploi n'aura pas été fait suivant sa destination, au contraire aura été apliqué au profit des Particuliers, à la ruine desdites Communautés, lesquelles par l'immensité desdites dettes, & par les contraintes rigoureuses de leurs Créanciers, ne sçauroient à present suporter, ni payer les Impositions légitimes, s'il n'y étoit pourvû. Nous avons crû nous devoir servir du tems favorable de la Paix, qu'il a plû à Dieu de nous donner pour procurer à nos Sujets de ladite Province le soulagement qu'ils peuvent esperer de Nous. A CES CAUSES, désirant favorablement traiter lesdites Villes & Communautez, & leur donner moyen de retirer quelque fruit du soin que nous avons pour nos Sujets, conformément à la réponse faite aux Cahiers desdits Députez, dont l'article est ci-attaché sous le contre-Scel de nôtre Chancellerie; Nous vous avons commis & députez, commettons & députons par ces Presentes, signées de nôtre main, pour, avec nôtre Amé & Féal Conseiller en nos Conseils Loüis Dony-d'Attichy, Evêque d'Autun, Comte de Saulieu, Président né & Elû du Clergé és Etats de nôtredite Province de Bourgogne; Herard de Bouton, aussi Conseiller en nos Conseils, Comte de Chamilly, Marquis de Nonan, Elû pour la Noblesse esdits Etats, & Me. Jacques Grozelier, nôtre Conseiller & Lieutenant Civil au Bailliage de Beaune, Elû du Tiers-Etat de notredite Province, & Me. Denis Rigoley, Greffier ausdits Etats, que nous avons nommé pour Greffier en la presente Commission; proceder à la reconnoissance & verification des dettes des Villes & Communautez de ladite Province, regler leurs dépenses ordinaires, corriger les abus qui pourroient s'y être introduits par le désordre de la Guerre ou autrement, dresser Procés verbal du sujet pour lequel lesdites dettes ont été créées, & de l'emploi d'icelles; recevoir toutes les plaintes qui vous feront faites concernant lesdites dettes; reconnoître tous les Octrois desquels joüissent lesdites Villes, à quoi montent & reviennent leur destination & emploi, ceux qui peuvent être augmentés ou établis de nouveau ; quels sont les biens patrimoniaux des Villes & Communautez, ceux qui ont été engagez, pour combien, & pour quel tems ; quel avantage se trouvera en la revente & aliénation, & généralement tout ce qui peut servir au soulagement & acquittement desdites Villes & Communautez. Vous donnant pouvoir de vous faire representer les Rolles des Impositions, les Livres de collecte de chaque Communauté ; les Régistres des Déliberations, Comptes des Particuliers qui ont eu l'administration des deniers publics ; les Minuttes des Notaires, les Grosses des Particuliers pour éviter collusion, les Baux à ferme ou Amodiation desdits Octrois ; les Comptes & Piéces justificatives d'iceux, & généralement tous autres Actes que vous jugerez necessaires pour la verification & acquittement desdites dettes, & pour verifier les abus & malversations, afin d'y aporter ensuite le remede convenable ; ensemble pour rétablir à l'avenir les choses en telle sorte qu'il n'y puisse être fait aucune Imposition, que suivant les anciens Réglemens & les Privileges de ladite Province, le tout en la meilleure maniere que vous aviserez pour l'avantage desdites Communautez, & pour le tems que la necessité des lieux, & le cas des Particuliers le requereront : pour à quoi parvenir & accelerer icelle, vous vous transporterez és lieux les plus commodes de ladite Province. VOULONS & Nous plaît, que vous y travailliez incessamment, & jusques à l'entiére exécution de la presente Commission, & que pour la faciliter vous y puissiez vacquer les uns en l'absence des autres, pourvû que vous soyez en tout trois en nombre, & que de tout vous dressiez vos Procés verbaux, & donniez vos avis, tant sur ladite verification, que sur les moyens que l'on pourra pratiquer pour l'acquittement desdites dettes en général & en particulier, pour iceux vûs en nôtre Conseil, être ordonné ce qu'il apartiendra ; & d'autant que pour former lesdits avis, & pour

A ij

l'exécution entière de ladite Commiſſion, il pourroit arriver conteſtation, Nous voulons que les ſuffrages de nos Commiſſaires, ou de l'un d'eux en l'abſence de l'autre, en cas de partage, ſoient toûjours préferez, quoique leurs voix ſoient moindres en nombre. Mandons & enjoignons à tous nos Juſticiers, Officiers & Sujets qu'à vous ce faiſant ils obéiſſent, prêtent & donnent main-forte ſi beſoin eſt, & à tous Huiſſiers & Sergents faire tous Exploits, ſignifications, exécutions, contraintes & autres actes que beſoin ſera pour l'exécution des Preſentes, ſans qu'ils ſoient tenus de demander Placet, Viſa, ni Pareatis, nonobſtant opoſitions ou apellations quelconques, & ſans préjudice d'icelles, la connoiſſance deſquelles Nous avons reſervée à Nous & à nôtre Conſeil, icelle interdite à tous autres Juges. CAR tel eſt nôtre plaiſir. Donné à Paris le 27 jour d'Octobre, l'an de grace 1662, & de nôtre Regne le vingtiéme. *Signé*, LOUIS, *& plus bas*, Par le Roi, LE TELLIER. Et ſcellé du grand Sceau de Cire jaune ſur parchemin pendant.

ORDONNANCE

DE NOSSEIGNEURS LES COMMISSAIRES pour la Vérification des Dettes de la Province.

LOUIS DUC DE BOURBON, Prince de Condé, Premier Prince du Sang, Premier Pair & Grand-Maître de France, Duc d'Enguien, Châteauroux, Montmorency, & Fronſac, Gouverneur & Lieutenant Général pour le Roi en ſes Provinces de Bourgogne & Breſſe; Et le Sieur Bouchu Conſeiller du Roi en ſes Conſeils, Maître des Requêtes ordinaire de ſon Hôtel, Intendant de la Juſtice, Police & Finances en Bourgogne & Breſſe; Commiſſaires députez par Sa Majeſté par ſes Lettres Patentes du vingt-ſeptiéme du mois d'Octobre mil ſix cens ſoixante-deux : Pour, avec Reverend Pere en Dieu Meſſire Loüis Dony-d'Attichy, Conſeiller du Roi en ſes Conſeils, Evêque d'Autun, Comte de Saulieu, Préſident né des Etats de Bourgogne, & Elû pour l'Egliſe : le Sieur Herard de Bouton, auſſi Conſeiller du Roi en ſes Conſeils, Comte de Chamilly, Marquis de Nonan, Elû pour la Nobleſſe : & Maître Jacques Grozelier, auſſi Conſeiller du Roi & Lieutenant Civil au Bailliage de Beaune, Elû du Tiers-Etat, procéder en execution deſdites Lettres Patentes.

IL eſt ordonné aux Maire, Echevins, Syndic ou Procureur, & Habitans de

de dreſſer état inceſſamment de toutes les dettes & charges de ladite Communauté, année par année, dans lequel ſera fait mention du nom & de la qualité de ceux qui auront fait les emprunts, la cauſe d'iceux; du nom & domicile de celui au profit duquel la dette a été conſtituée; de celui qui en jouit preſentement, quelle ſomme eſt le ſort principal; à quel denier elle eſt conſtituée, & combien d'années d'interêts en ſont dûs; du nom & domicile du Notaire qui aura reçû le Contrat, Obligation, ou autre acte portant conſtitution de ladite dette; le jour de la paſſation d'icelui, & repreſenter pardevant Nous ledit état, Pouvoirs & Déliberations en vertu deſquels leſdits emprunts ont été faits, & ratifications, ſi aucunes y a : enſemble toutes les piéces juſtificatives en original de l'emploi deſdits emprunts, comme ordres de Sa Majeſté, & autres; Comptes de ladite Communauté, Quittances, Acquits, & généralement toutes autres piéces ſervant à la vérification deſdites dettes & emploi d'icelles.

Dresseront encore un état des Octrois desquels a joüi & joüit presentement ladite Communauté; à quoi ils montent & reviennent; leur destination & emploi, comme aussi des biens Patrimoniaux, droits & autres biens de ladite Communauté; ceux qui ont été vendus, aliénez & engagez, à qui, pardevant quel Notaire, pour combien, en quel & pour quel tems. Nous donneront avis par écrit au bas dudit état des Octrois, ceux qui peuvent être augmentez ou établis de nouveaux; quel avantage se trouvera en la revente & aliénation desdits biens Patrimoniaux, droits & autres biens de ladite Communauté; ceux qui pouront être vendus & aliénez; pour combien, & généralement tout ce qui peut servir à l'acquittement & soulagement de ladite Communauté.

Representeront pardevant Nous les Rôlles des Impositions; les Livres des Collectes de ladite Communauté; les Régistres des Déliberations; Comptes des Particuliers qui ont eu l'administration des deniers publics, depuis l'année de la création de leur plus ancienne dette; les Lettres & originaux de la concession desdits Octrois; baux à ferme; les amodiations, aliénations, engagements, comptes & piéces justificatives d'iceux, tant en général que particulier, & généralement tous autres actes, piéces & enseignemens pour la vérification desdites dettes, & plus grand bien de ladite Communauté : Et pour faciliter ladite vérification, lesdits états seront dressez & écrits seulement sur la feüille droite du payer, le revers de chacun feüillet demeurant vuide & en blanc.

Seront tenus lesdits Maire, Echevins, Syndic ou Procureur, & Habitans de ladite Communauté, de faire assigner leurs prétendus Créanciers, Engagistes & Acquereurs, pour representer pardevant Nous au lieu où Nous serons, quinzaine apres la signification de la presente Ordonnance, les titres & papiers en vertu desquels ils se prétendent créanciers de ladite Communauté, avec un Certificat du

Notaire pardevers lequel est la minute desdits titres, Contrats, & autres actes, comme il n'y a point de quittance en marge, au bas desdites minutes, ou séparément d'icelles qui soient en leur pouvoir; à cet effet seront tenus tous détenteurs des titres, comptes, rôlles, & autres papiers concernant lesdites Communautez, leurs veuves, & héritiers, de les remettre és mains des Syndics ou Procureurs desdites Communautez; à quoi faire ils seront contraints par toutes voies dûes & raisonnables, même par corps, moyennant la décharge qui leur sera donnée par lesdits Syndics & Procureurs, si besoin est; & au cas que les titres ou papiers ne dûssent être aux Archives de ladite Ville.

Ordonnons ausdits créanciers d'ainsi le faire, & à faute par lesdits Maire, Echevins, Syndic ou Procureur, & Habitans de ladite Communauté, de faire donner ladite assignation dans ledit tems, ils demeureront responsables desdites dettes en leur propre & privé nom; & à faute aussi par lesdits créanciers de representer dans le même délai leursdits titres & Certificat du Notaire, ils demeureront privez du payement des interêts échûs & à écheoir, jusqu'à ce qu'ils y ayent satisfait. Seront lesdites Lettres Patentes, ensemble nôtre presente Ordonnance executée nonobstant oposition ou apellation quelconque, & sans préjudice d'icelle, dont si aucune intervienne, Sa Majesté s'en est reservée la connoissance & à son Conseil, icelle interdite à tous autres Juges. Mandons à tous Huissiers & Sergens, de faire tous exploits & significations, executions, contraintes, & autres actes que besoin sera pour l'execution desdites Lettres Patentes, & de nôtre Ordonnance, sans qu'ils soient tenus de demander Visa, Placet, ni Pareatis. FAIT à Paris le vingt-neuviéme Octobre mil six cens soixante-deux. *Signé*, LOUIS DE BOURBON. BOUCHU. LOUIS Evêque d'Autun. CHAMILLY. J. GROZELIER. *Et plus bas*, Par Mesdits Seigneurs, RIGOLEY.

ORDONNANCE

DE NOSSEIGNEURS LES COMMISSAIRES
pour la Vérification des Dettes de la Province.

LOUIS Duc de Bourbon, Prince de Condé, Premier Prince du Sang, Premier Pair & Grand Maître de France, Duc d'Enguien, Châteauroux, Montmorency, & Fronsac, Gouverneur & Lieutenant Général pour le Roi en ses Provinces de Bourgogne & Bresse ; & le Sieur Bouchu Conseiller du Roi en ses Conseils, Maître des Requêtes ordinaire de son Hôtel, Intendant de Justice, Police & Finances en Bourgogne & Bresse ; Commissaires députez par Sa Majesté par ses Lettres Patentes du 27 du mois d'Octobre 1662, pour avec Reverend Pere en Dieu, Messire Loüis Dony-d'Attichy Conseiller du Roi en ses Conseils, Evêque d'Autun, Comte de Saulieu, Président né des Etats de Bourgogne, & Elû pour l'Eglise ; le Sieur Herard de Bouton, aussi Conseiller du Roi en ses Conseils, Comte de Chamilly, Marquis de Nonan, Elû pour la Noblesse ; & Me. Jacques Grozelier, aussi Conseiller du Roi & Lieutenant Civil au Bailliage de Beaune, Elû du Tiers-Etat, proceder en exécution desdites Lettres Patentes.

Sa Majesté ayant ordonné par lesdites Lettres, qu'il seroit incessamment par Nous procédé à la verification des charges & des dettes des Commmnautez de Bourgogne, & pour cet effet que les Créanciers desdites Communautez representeroient pardevant Nous, tous les titres, papiers & enseignements en vertu desquels lesdites dettes ont été créées, & les Maires & Echevins leurs comptes des Tailles par eux levées, soit Royales ou négociales,

&

& pour quelque caufe & occafion que ce foit, des deniers patrimoniaux, d'Octrois & autres Impôts, enfemble de ceux qui leurs ont été rembourfez par les Sieurs Elûs de la Province, & autres généralement quelconques, ainfi qu'il leur a été par Nous enjoint de le faire par nôtre Ordonnance du 29 d'Octobre dernier, renduë en conféquence defdites Lettres Patentes; parce que l'un des plus confiderables avantages que lefdites Communautez peuvent retirer de ladite verification, dépend de l'examen foigneux & exact qui fera par Nous fait defdits comptes, pour connoître les omiffions de recettes, fauffes reprifes, doubles emplois & dépenfes faites fans neceffité, fans Déliberation, ou fans caufe, en quoi nous pouvons être beaucoup éclaircis par les Maires & Echevins de chaque Communauté, qui ont une particuliére connoiffance de l'adminiftration des affaires de leurfdites Communautez; & quoiqu'ils foient affés invitez à l'exacte recherche de tous les abus qui y peuvent avoir été commis par le foulagement qu'ils procureront par leurs diligences & leurs foins à leurfdites Communautez, ce qui doit faire leur plus grande aplication, & en quoi confifte le principal devoir de leurs Charges, néanmoins comme quelques-uns en pourroient être divertis par des confiderations particuliéres, s'ils n'y étoient par Nous contraints & obligez, Nous ordonnons à tous les Maires, Echevins, Syndics & Procureurs des Communautez qui font prefentement en Charges, de proceder incontinent le prefent Ordre reçû à l'examen de tous leurs comptes, au moins depuis l'année 1629, foit de Tailles Royales & Négociales par eux levées, deniers d'Octrois & patrimoniaux & autres Impôts, pour quelque caufe & occafion qu'elle foit; de ceux dont ils ont été rembourfez par lefd. Srs. Elûs de la Province, & de tous les deniers généralement quelconques apartenants aufdites Communautés; enforte que fur chacun d'iceux auparavant l'examen qui fera par Nous fait des Comptes de chaque Com-

B

munauté, ils Nous repreſenten un Etatt des omiſſions des recettes, fauſſes repriſes, doubles emplois, dépenſes faites ſans neceſſité, ſans Déliberations, ou ſans cauſe, & généralement de toutes ſortes de malverſations & d'abus qui auront été commis dans l'adminiſtration de chaque nature de deniers en chaque compte, à peine d'en répondre par eux, & payer leſdites ſommes ſolidairement en leurs propres & privés noms, ſans pouvoir eſperer aucuns recours, ni garantie contr'elles, & de plus grande s'il y échet : Exhortons, & en tant que beſoin eſt ordonnons à tous les Habitans deſdites Communautez de nous donner avis de tous leſdits abus & malverſations qui feront venus à leur connoiſſance : Sera la preſente Ordonnance lûë aux Prônes & Siéges de Juſtice, publiée & affichée, afin que perſonne n'en prétende cauſe d'ignorance : Mandons à tous Huiſſiers & Sergens de faire tous Exploits & Significations, Exécutions, contraintes & autres Actes que beſoin ſera pour l'exécution deſdites Lettres Patentes, & de nôtre Ordonnance, ſans qu'ils ſoient tenus de demander Viſa, Placet, ni Pareatis. Fait à Dijon le 18 de Janvier 1663. *Signé*, LOUIS DE BOURBON, BOUCHU, LOUIS Evêque d'Autun, CHAMILLY, GROZELIER, *& plus bas*, Par Meſſeigneurs, RIGOLEY.

⚜⚜⚜⚜⚜⚜⚜⚜⚜⚜⚜⚜⚜⚜⚜⚜⚜⚜⚜⚜⚜⚜⚜⚜

EXTRAIT DES REGISTRES DU CONSEIL d'Etat du Roi.

SUR ce, qui a été repreſenté au Roi étant en ſon Conſeil que pluſieurs prétendus Créanciers des Communautés de Bourgogne, ayant apris que Sa Majeſté avoit nommé des Commiſſaires par ſes Lettres Patentes du 27 Octobre dernier, pour procéder à l'examen & vérification des dettes & charges deſdites Communautés, & ordonné à cet effet que tous lesdits Créanciers representeroient leurs titres, papiers & enseignements pardevant lesdits Sieurs Commissaires, usoient de toutes sortes de contraintes & voies les plus rigoureuses, même par emprisonnement contre les Particuliers, pour obliger lesdites Communautez à leur payer les sommes qu'ils prétendent leurs être dûës, tant en principal, qu'interêts, & éviter par là que lesdits Sieurs Commissaires qui travaillent incessamment à ladite verification, ne voyent les abus par eux commis, & la nullité de leurs dettes & de leurs contrats, obligations ou autres actes sur lesquels ils établissent leur prétenduë créance, ce qui cause une ruine entiere desdites Communautés, tant par les frais desdites poursuites, contraintes & executions, que parce que, si lesdits prétendus Créanciers recevoient par là leur remboursement, elles seroient privées du soulagement que Sa Majesté leur a voulu procurer par sa bonté paternelle, & les Créanciers légitimes de la sûreté de leur dû, réduisant lesdites Communautés à une pauvreté extrême : A quoi étant nécessaire de pourvoir. Oüi le raport du Sieur Colbert Conseiller Ordinaire au Conseil Royal, & Intendant des Finances ; SA MAJESTE' ETANT EN SON CONSEIL, a fait trés-expresses inhibitions & deffenses à tous les prétendus Créanciers des Communautés de la Province de Bourgogne, Comtés & Pays adjacents, de faire aucune execution, ni d'user d'aucune contrainte contre lesdites Communautés ni Habitans d'icelles pour le payement des principaux qu'ils prétendent leur être dûs, qu'aprés la vérification qui sera faite de leurs titres par lesdits Sieurs Commissaires, nonobstant que lesdits principaux fussent exigibles & à eux dûs par finito de comptes, obligations, contrats avec clause qu'en certains cas lesdits principaux feroient exigibles, ou qu'ils eussent été declarez tels par Sentences, Transactions ou Arrêts, à peine contre les Créanciers légitimes de la perte de leur dû, & des autres du double defdits principaux ainfi exigez, à la reftitution & payement defquels ils feront contraints comme pour deniers Royaux, pour être lefdites fommes employées à la décharge & acquittement defdites Communautés; & quant aux interêts, frais & mifes d'executions, & dépens ajugez, Sa Majefté a renvoyé & renvoye la connoiffance aufdits Sieurs Commiffaires, pour être par eux pourvû de tel délai & furféance qu'ils aviferont bon être fuivant l'exigence des cas; & feront leurs Jugements & Ordonnances executées nonobftant opofitions & apellations quelconques, pour lefquelles il ne fera différé, & fans préjudice d'icelles, dont fi aucunes interviennent, Sa Majefté s'en eft réfervée la connoiffance & à fon Confeil, icelle interdite à tous autres Juges. FAIT au Confeil d'Etat du Roi, Sa Majefté y étant, tenu à Paris le dixiéme jour de Fevrier 1663. *Signé*, PHELYPEAUX.

LOUIS par la grace de Dieu, Roi de France & de Navarre: A nos amez & feaux Confeillers les Commiffaires par Nous députez pour la vérification des dettes des Communautés de nôtre Province de Bourgogne; SALUT. Par l'Arrêt dont l'Extrait eft ci-attaché fous le Contrefcel de nôtre Chancellerie, ce jourd'hui donné en nôtre Confeil d'Etat, Nous y étant; Nous avons fait trés-expreffes inhibitions & deffenfes à tous les prétendus Créanciers defdites Communautés de Bourgogne, Comtez, & Pays adjacents, de faire aucune execution, ni d'ufer d'aucune contrainte contre lefdites Communautés ni Habitans d'icelles pour le payement des principaux qu'ils prétendent leur être dûs, qu'aprés la vérification qui fera par vous faite de leurs titres, nonobftant que lefdits principaux fuffent exigibles, & à eux dûs par finito de comptes, obligations, contrats, avec claufe qu'en certains cas lefdits principaux feroient exigibles, ou qu'ils euffent été déclarez tels par Sentences, Tranfactions ou Arrêts; à peine contre les Créanciers légitimes de la perte de leur dû, & des autres du double desdits principaux ainsi exigez, à la restitution & payement desquels ils seront contraints comme pour nos deniers, pour être lesdites sommes employées à la décharge & acquittement desdites Communautés; & quant aux interêts, frais & mises d'executions & dépens adjugez: A CES CAUSES, Nous vous avons par ces Presentes signées de nôtre main, renvoyé & renvoyons la connoissance de ce que dessus; vous mandons & ordonnons de pourvoir à tel délai & surséance que vous aviserez bon être, suivant l'exigence des cas, conformément audit Arrêt: Voulons que vos Jugements & Ordonnances soient executez nonobstant opositions & apellations quelconques, pour lesquelles ne sera différé, & sans préjudice d'icelles, dont si aucunes interviennent, Nous nous en reservons & à nôtre Conseil la connoissance, icelle interdisons à tous autres Juges. Commandons au premier nôtre Huissier ou Sergent sur ce requis, de faire pour l'entiere execution dudit Arrêt, & de tout ce qui sera par vous ordonné en conséquence, tous commandements, sommations, contraintes par les voyes y déclarées; deffenses sur les peines y contenuës, & autres actes & exploits nécessaires sans autre permission; & sera ajouté foi comme aux originaux aux copies dudit Arrêt & des Presentes collationnées par l'un de nos amez & feaux Conseillers & Secretaires: CAR tel est nôtre plaisir. DONNE' à Paris le dixiéme jour de Fevrier, l'an de grace 1663, & de nôtre Regne le vingtiéme; *Signé*, LOUIS: *Et plus bas*, Par le Roi, PHELYPEAUX.

ORDONNANCE

POUR EMPESCHER LES COMMUNAUTEZ *de payer leurs principaux par aucun moyen, qu'aprés la Vérification de leurs Dettes.*

LOUIS DUC DE BOURBON, Prince de Condé, Premier Prince du Sang, Premier Pair & Grand-Maître de France, Duc d'Enguien, Châteauroux, Montmorency, & Fronsac, Gouverneur & Lieutenant Général pour le Roi en ses Provinces de Bourgogne & Bresse; Et le Sieur Bouchu Conseiller du Roi en ses Conseils, Maître des Requêtes ordinaire de son Hôtel, Intendant de la Justice, Police & Finances en Bourgogne & Bresse; Commissaires députez par Sa Majesté par ses Lettres Patentes du vingt-septiéme du mois d'Octobre mil six cens soixante-deux : Pour, avec Reverend Pere en Dieu Messire Loüis Dony-d'Attichy, Conseiller du Roi en ses Conseils, Evêque d'Autun, Comte de Saulieu, Président né des Etats de Bourgogne, & Elû pour l'Eglise : le Sieur Herard de Bouton, aussi Conseiller du Roi en ses Conseils, Comte de Chamilly, Marquis de Nonan, Elû pour la Noblesse : & Maître Jacques Grozelier, aussi Conseiller du Roi & Lieutenant Civil au Bailliage de Beaune, Elû du Tiers-Etat, procéder en execution desdites Lettres Patentes.

SUR ce qui Nous a été representé que plusieurs prétendus Créanciers des Communautez de Bourgogne, comme Seigneurs desdites Communautez, & autres personnes qualifiées & puissantes, usent de leurs autoritez pour exiger les principaux de leurs prétendües dettes : Et quoique par l'Arrêt du Conseil donné, Sa Majesté y étant, le 10 Fevrier 1663, elle eut fait deffenses ausdits Créanciers d'exiger lesdits principaux, à peine de la perte d'iceux, au cas qu'ils fussent trouvez légitimement dûs, par la vérification qui en sera par Nous faite, & à la restitution du double desdites sommes par eux exigées, au cas qu'elles ne se trouvassent pas par ladite vérification légitimement dûës, lesdits Créanciers puissants prétendent se mettre à couvert des peines portées par ledit Arrêt, en extorquant des consentements desdites Communautez, pour payer lesdites prétendües dettes, par le moyen d'emprunts, aliénations de leurs biens, impositions sur eux-mêmes en deniers ou redevances, création de doubles dîmes, & autres sortes de moyens, desquels lesdites Communautez ne pourront pas se garantir, à cause de l'autorité desdits Créanciers ; ainsi seroient privées de l'avantage qu'elles doivent retirer de ladite vérification.

NOUS faisons tres-expresses inhibitions & deffenses ausdits Créanciers d'exiger leursdits principaux, conformément audit Arrêt, à peine de la perte desdits principaux contre les Créanciers légitimes, & des autres du double desdits principaux ainsi exigez, à la restitution & payement desquels ils seront contraints comme pour deniers Royaux, pour être lesdites sommes employées à la décharge desdites Communautez. Faisons pareilles inhibitions & deffenses ausdites Communautez de donner aucun consentement à l'aliénation de leursdits biens communaux, emprunts, impositions sur eux en deniers ou redevances, création de doubles dîmes, & autres sortes de moyens pour acquitter les principaux, jusques à ce que par Nous ait été procedé à la vérification d'iceux, déclarans tels consentements nuls, & de nul effet & valeur, & de tout ce qui sera ensuivi, tant contre les Habitans qui les auroient donnez, que les Créanciers qui auroient prêté leur argent en conséquence d'iceux, ou Engagistes & Acquereurs desdits communaux, doubles dîmes, redevances, & autres: deffenses ausdits Habitans de faire & de souffrir, de permettre tels établissements & executions, desquels les Syndics & Echevins desdites Communautez seront tenus de Nous donner avis, à peine d'en répondre en leurs propres & privez noms: Sera la susdite Ordonnance, ensemble l'Arrêt du Conseil, publiés aux Prônes des Paroisses, aux Audiences des Justices Royales, & autres, & affichée; & pour éviter les frais qu'il conviendroit faire pour la signification desdits Arrêt & Ordonnance, voulons qu'ils soient tenus pour dûëment signifiez, aprés la certification qui Nous sera donnée par les Receveurs des Impositions en chacun Bailliage d'en avoir envoyé des copies en chaque Communauté, avec le Billet desdites Impositions. FAIT à Dijon le premier Mars mil six cens soixante-trois. *Signé*, LOUIS DE BOURBON. BOUCHU. CHAMILLY. J. GROZELIER: *Et plus bas*, Par Mesdits Seigneurs, RIGOLEY.

EXTRAIT DES REGISTRES du Conseil d'Etat.

De l'Arrêt du Conseil d'Etat du 22 Juin 1665 a été extrait ce qui suit.

ET d'autant qu'il a été impossible ausdits Sieurs Commissaires de proceder quant à present à la révision des comptes rendus par ceux qui ont manié les deniers apartenants à ladite Communauté, ni d'en examiner les chapitres de recette & dépense, à cause du grand retardement que cette prévision eût aporté à la vérification des dettes

&

& payement d'icelles, que si bien lesdits comptes ont été representez, ce n'a été que pour justifier s'il étoit dû quelque chose aux comptables par les finitos d'iceux; & si lesdits comptables s'étoient chargez en recette des deniers empruntez pour ladite Communauté, soit au nom desdits Magistrats, ou par les Habitans d'icelle, en leurs propres & privez noms, & néanmoins employez au profit de ladite Communauté; & que cependant les comptables ou autres peuvent avoir touchées des sommes qu'ils prétentendent leur être dûës. Ordonne Sa Majesté, que le present Arrêt, ni le payement qui leur a été ou sera fait, ne pourra servir d'aucune décharge ausdits comptables, ni d'aucune fin de non-receveur ; mais qu'il sera de nouveau procédé par lesdits Sieurs Commissaires, à la révision exacte desdits comptes, sur les lieux, si faire se peut, toutes les Parties interessées presentes ou dûëment apellées, & lesdits comptables contraints au payement de toutes les sommes desquelles ils se trouveront redevables, soit par l'erreur de calcul, omission de recette, double emploi, fausse reprise, dépenses inutiles, & pour quelque autre cause que ce puisse être, même à la restitution des sommes qu'ils auront touchées à cause desdits finitos de comptes ou autrement ; comme aussi seront les Ordonnateurs & Parties prenantes contraints au payement des sommes desquelles ils se trouveront redevables par la révision desdits comptes, pour toutes lesdites sommes être employées au payement des dettes de ladite Communauté au sol lalivre, ou autrement à l'utilité d'icelle, ainsi que sur l'avis desdits Sieurs Commissaires par Sa Majesté en sera ordonné.

Fait Sa Majesté tres-expresses inhibitions & deffenses, à peine de la vie, ausdits Magistrats de faire aucune imposition que conformément aux Commissions qui leur seront envoyées par les Elûs de la Province ; & le droit de Collecte qui sera donné au rabais, lequel ne pourra exceder

C

un sol pour livre; & arrivant que l'Imposition par eux faite de la somme portée par lesdites Commissions, ne se trouve effectivement levée sur les Contribuables de ladite Communauté, aprés toutes les diligences faites contre eux, suivant l'Ordonnance desdits Magistrats, rejetteront ce qui en restera dû, ensorte que ladite somme soit entierement levée & payée au Receveur des Impositions, sans aucune non-valeur.

Ordonne Sa Majesté qu'en procédant par lesdits Sieurs Commissaires à la révision des comptes de ladite Communauté, au cas qu'il leur aparût par la representation des Rôlles & comptes des Receveurs, que les Contribuables d'icelles & prétendus Privilegiez se soient exemptez du payement desdites Impositions entierement ou en partie, lesdits Contribuables seront contraints de payer les sommes ausquelles ils seront condamnez par lesdits Sieurs Commissaires depuis l'année mil six cens quarante inclusivement, nonobstant tous Arrêts & Jugemens de décharges rendus en leur faveur; & seront les Ordonnances desdits Sieurs Commissaires executées, nonobstant opositions, aplations, incompétances & empêchements quelconques, dont si aucuns interviennent, Sa Majesté s'en est réservé la connoissance, & à son Conseil, & a icelle interdite à toutes ses autres Cours & Juges, & seront à l'avenir lesdits Echevins, Syndic & tous autres Officiers de ladite Communauté, cottisez suivant leurs facultez, comme les autres Contribuables, & sans pouvoir prétendre pour raison de ladite qualité d'Echevin, Syndic, & Officiers, aucun privilege.

Casse & révoque Sa Majesté tous les abonnemens faits par Traitez, Transactions & Arrêts; ordonne qu'à l'avenir ceux en faveur desquels lesdits abonnements ont été faits, seront imposez ensemble tous autres Habitans, suivant leur facultez, sans avoir égard aux abonnements & aux derniers rôlles, & pour le passé depuis l'année mil six cens quarante inclufivement, feront contraint au payement des fommes aufquelles ils feront taxez par lefdits Sieurs Commiffaires, en procédant par eux à la révifion defdits com- & feront lefdites Ordonnances executées auffi, nonobftant opofitions, apellations, incompetances & autres empêchemens quelconques, dont fi aucuns interviennent, Sa Majefté s'en eft refervé la connoiffance, & à fon Confeil, & a icelle interdite à toutes fes autres Cours & Juges.

Seront tenus lefdits Magiftrats & Syndic de déclarer à la fignification qui leur fera faite du prefent Arrêt, les noms des Privilegiez & Exemts, & de ceux qui s'exemptent indûëment des Tailles, & lefdits prétendus Exemts & Privilegiez, quinzaine aprés la publication qui en fera faite au Prône de l'Eglife Paroiffiale dudit lieu, & qui vaudra fignification, tenus de reprefenter pardevant lefdits Sieurs Commiffaires les titres de leurs prétendus privileges & exemptions, pour iceux vûs être par eux donné avis à Sa Majefté, & par elle ordonné à ce qu'il apartiendra.

Contribuëront à l'avenir les Eccléfiaftiques & Privilegiez pour leur part & portion, ainfi qu'il fe pratique dans la Ville de Dijon, & en celle de Mâcon, l'ufage du Royaume & Arrêt du Confeil qui l'ont ainfi jugé aux dépenfes communes, comme frais de pefte, magazins à bled, fortifications, entrées des Rois & Gouverneurs de ladite Province, Lieutenant de Roi, & Gouverneur Particulier d'icelle, & pour la cottité de laquelle ils conviendront avec lefdits Magiftrats, finon & à faute d'en convenir fuivant qu'elle fera réglée par lefdits Sieurs Commiffaires.

Fait Sa Majefté tres-expreffes inhibitions & deffenfes aufdits Magiftrats d'emprunter aucune fomme, pour quelque caufe & occafion que ce foit, que conformément à la réponfe aux Cahiers des Etats de la Province du dixiéme Septembre mil fix cens foixante-deux, aprés une Déliberation de l'Affemblée générale de ladite Communauté, avis & confentement defdits Elûs de ladite Province, &

Lettres du Grand Sceau, portant permiſſion d'emprunter, à peine d'en répondre en leurs propre & privez noms; & à l'égard des Créanciers, de la nullité des Contrats, & de la perte des ſommes par eux prêtées; & en cas qu'il ſoit fait aucun emprunt aprés une Aſſemblée générale de ladite Communauté, avis & conſentements deſdits Elûs, & permiſſion de Sa Majeſté, & que ladite Communauté vint à être rembourſée par les Elûs, ou de quelque maniere que ce ſoit: les deniers ainſi rembourſez ne pourront être employez à autre uſage qu'à l'extinction & payement des ſommes empruntées, à peine d'en répondre par leſdits Magiſtrats qui auront reçû leſdites ſommes rembourſées en leurs propres & privez noms.

Et au cas que les dépenſes ſoient communes, & auſquelles les Eccléſiaſtiques & Privilegiez doivent contribuer comme frais de peſte, fortifications, magazins à bled, entrées des Rois, Gouverneurs de la Province ou Lieutenans de Roi, & Gouverneurs Particuliers d'icelle. Fait Sa Majeſté itératives défenſes auſdits Magiſtrats, d'emprunter en commun leſdites ſommes, ſous quelque prétexte & occaſion que ce ſoit, même quelque indemnité qu'ils puiſſent avoir deſdits Eccléſiaſtiques & Privilegiez, mais contribuëront ſeulement leur part & portion, ou emprunteront icelle, aprés une Aſſemblée générale, avis & conſentement deſdits Elûs, & Permiſſion de Sa Majeſté, ainſi que dit eſt, à peine d'en répondre par leſdits Magiſtrats en leurs propres & privez noms; & à l'égard des Créanciers qui auront prêté en commun & ſans la permiſſion de Sa Majeſté obtenuë aprés une Aſſemblée générale, & conſentement deſdits Elûs, de la perte de leur dû, & de la nullité des Contrats,

Sera chacune année procedé à la publication de la recette des deniers d'octrois & dîmes des mains des Fermiers d'iceux, & de la collecte de la ſomme de quatre cent ſoixante livres ordonnée être impoſée par Sa Majeſté, pour le payement des charges, laquelle publication se fera par trois Dimanches du mois d'Août, ce qui sera donné au rabais en donnant par le Receveur bonne & suffisante caution, dont lesdits Magistrats seront responsables en leurs propres & privés noms, & sera ladite adjudication faite dans une Assemblée générale le premier Dimanche du mois de Septembre, sans néanmoins que ledit droit de recette & collecte puisse exceder un sol pour livre pour raison desdits quatre cens soixante livres, & sans que ledit Receveur puisse prétendre aucun droit pour la recette des deniers d'octrois, dîme, ni qu'il se puisse immiscer en la collecte, excepté des deniers Royaux, à peine de mille livres d'amende, pour le recouvrement desquels sera nommé un autre Receveur; ordonne Sa Majesté que ledit Receveur comptera de son maniement le premier Dimanche du mois d'Octobre de chacune année en l'Hôtel commun, pardevant les Magistrats & huit Notables Bourgeois qui seront nommés dans une Assemblée générale du peuple qui se tiendra le dernier Dimanche du mois de Septembre, pour Auditeurs desdits comptes, à la reddition desquels pourront assister le Juge des lieux, & Procureur d'Office sans frais, & seront lesdits comptes rendus, toutes les portes ouvertes, avec faculté à tous les Habitans de quelque qualité qu'ils soient d'y être présents, auront voix de remontrance, & les huit Bourgeois nommés pour Auditeurs chacun voix délibérative avec lesdits Magistrats; & lesdits comptes seront rendus sans frais, avec défenses ausdits Magistrats de recevoir, ni avoir égard à aucuns comptereaux qui demeureront nuls; desquels comptes lesdits Magistrats envoyeront ausdits Sieurs Commissaires un bref état en recette & dépense, quinzaine après la clôture d'iceux, & arrivant qu'il ne se trouvât personne qui voulut faire ladite recette & collecte pour un sol pour livre desdits quatre cens soixante livres, & quarante livres laissés ci-dessus entre les charges de ladite Ville, sera procedé led. jour à l'élection & nomination d'un Receveur, lequel sera obligé de faire ladite charge, nonobstant oposition & apellation quelconques, pendant une année, moyennant un fol pour livre defdits quatre cens foixante livres, & quarante livres, aux claufes & conditions portées ci-deffus ; & pourra ledit Receveur être continué de fon confentement.

Sera tenu ledit Receveur ou autres qui auront eu le maniement de quelques deniers que ce foient, d'en dreffer des comptes féparés en recette & dépenfes de chaque nature de deniers, fans pouvoir employer lefdits deniers en d'autres dépenfes qu'à celles aufquelles ils feront deftinez, ni les deniers d'une recette à la dépenfe d'une autre, à peine par ledit Receveur ou autres qui auront eu ledit maniement, d'en répondre en leurs propres & privés noms, & feront tous les acquits & piéces juftificatives de leurs comptes, tant en recette qu'en dépenfe, enrégiftrés dans un Régiftre de l'Hôtel commun, & les originaux remis aux archives d'icelui, pour être reprefentés quant il fera ordonné ; dont lefdits Magiftrats demeureront refponfables en leurs propres & privés noms chacun pour le tems de leur Magiftrature, & n'en pourront être déchargés que par leurs fucceffeurs Magiftrats, & aufquels ils les remettront par un bon & fidel Inventaire, & defquels ils retireront une valable décharge, aprés laquelle lefdits Magiftrats en demeureront chargés avec ceux de l'année de leur Magiftrature, & ainfi fucceffivement, & feront tenus tous les Particuliers qui ont des titres, papiers & enfeignemens & acquits concernant ladite Communauté, de les remettre inceffamment aux archives d'icelle, à quoi faire ils feront contraints par toutes voyes dûës & raifonnables, même par corps, & fans qu'ils puiffent prétendre aucunes fommes, en conféquence defdits acquits & autres piéces, & que l'on puiffe y avoir égard en leur faveur.

Seront lefd. Magiftrats refponfables en leurs propres & privés noms, des contraventions qui feront faites au prefent Arrêt chacun pour l'année de leur Magiftrature ; lequel enfemble le Procés verbal defdits Sieurs Commiffaires demeurera au Greffe de ladite Commiffion, & copie collationnée par ledit

Greffier, defdits Arrêts & Procés verbal envoyée aufdits Magiftrats, pour être lûë & régiftrée aux Régiftres de l'Hôtel commun, pour y avoir recours par lefdits créanciers & autres qu'il apartiendra, à ce qu'aucun n'en prétende caufe d'ignorance, & publié aux Prônes des Eglifes Paroiffiales de ladite Communauté, & par les carrefours d'icelle, & ladite publication vaudra fignification à tous lefdits créanciers & autres Intereffés audit Arrêt, duquel enrégiftrement & publication lefdits Magiftrats feront tenus de certifier lefdits Sieurs Commiffaires un mois après, à peine de répondre en leurs propres & privés noms de toutes les contraventions qui feront faites audit Arrêt; lequel enfemble les Ordonnances qui feront renduës en conféquence par lefdits Sieurs Commiffaires, feront exécutés nonobftant opofition, apellation & autres empêchemens quelconques; dont fi aucunes interviennent Sa Majefté s'en eft refervé la connoiffance, & icelle interdite à toutes fes autres Cours & Juges, & pour l'exécution dudit Arrêt, toutes Lettres neceffaires feront expédiées : Ordonne Sa Majefté au Sieur Prince de Condé, Gouverneur de ladite Province, & au Sieur Bouchu, Intendant de Juftice en icelle, de tenir la main à l'exécution du prefent Arrêt. FAIT au Confeil du Roi, Sa Majefté y étant, tenu à faint Germain en Laye le vingt-deuxiéme jour de Juin mil fix cens foixante-cinq. *Signé*, PHELYPEAUX.

LOUIS, par la grace de Dieu, Roi de France & de Navarre : à Nôtre trés-cher & trés-Amé Coufin le Prince de Condé, Premier Prince de nôtre Sang, Gouverneur & Lieutenant Général pour Nous en nos Provinces de Bourgogne & Breffe, & à nôtre Amé & Féal Confeiller en nos Confeils, Maître des Requêtes ordinaire de nôtre Hôtel, Intendant de Juftice, Police & Finances efdites Provinces, le Sieur Bouchu, SALUT. Nous vous mandons & ordonnons, par ces Prefentes fignées de nôtre main, chacun endroit foi, de tenir la main à l'exécution de l'Arrêt dont l'extrait est ci attaché sous le Contre-scel de nôtre Chancellerie, ce jourd'hui donné en nôtre Conseil d'Etat, Nous y étant, concernant la verification & liquidation des dettes & frais de la Ville de Saint Gengoux: commandons au premier Huissier ou Sergent sur ce requis de signifier ledit Arrêt aux créanciers dudit lieu, aux autres y dénommés, & tous autres qu'il apartiendra, à ce qu'ils n'en prétendent cause d'ignorance, & faire pour l'entiére exécution d'icelui tous commandemens, sommations, défenses & autres actes & exploits necessaires, sans autre permission, nonobstant oposition, apellations quelconques, dont si aucunes interviennent, Nous nous en réservons la connoissance en nôtre Conseil, icelle interdisons à toutes nos autres Cours & Juges: voulons que ledit Arrêt, ensemble les Procés verbaux y mentionnés soient régistrés au Greffe de ladite Commission, & dudit lieu, pour y avoir recours par lesdits créanciers & autres qu'il apartiendra, publiés aux Prônes & Carrefours dudit lieu, & vaudra ladite publication, significations ausdits créanciers & autres interessés; & qu'aux copies dudit Arrêt, & des Presentes collationnées par l'un de nos amés & feaux Conseillers & Secretaires, & par le Greffier de ladite Commission, foi soit ajoûtée comme à l'original. CAR tel est nôtre plaisir. Donné à Saint Germain en Laye ce vingt-deuxiéme jour de Juin l'an de grace mil six cens soixante-cinq, & de nôtre Regne le vingtiéme, *Signé*, LOUIS: *Et plus bas*, Par le Roi, PHELYPEAUX.

RELIEF

RELIEF D'ADRESSE SUR LA COMMISSION pour proceder à la Verification des Dettes des Villes & Communautés de Bourgogne.

LOUIS par la grace de Dieu Roi de France & de Navarre : à nôtre trés-cher & bien-Amé Cousin le Prince de Condé, Premier Prince de nôtre Sang, & Premier Pair de France, Gouverneur & nôtre Lieutenant General en nôtre Province de Bourgogne & Bresse : Et à nôtre amé & feal Conseiller en nos Conseils, Maître des Requêtes ordinaire de nôtre Hôtel, le Sieur Bouchu Intendant de Justice, Police & Finances en nôtredite Province de Bourgogne & Bresse, SALUT. Par nos Lettres du vingt-septiéme Octobre mil six cens soixante deux, Nous vous aurions commis & député, pour avec nôtre amé & féal Conseiller en nos Conseils, Loüis Dony d'Atichy Evêque d'Autun, Comte de Saulieu, Président & Elû du Clergé des Etats de nôtredite Province de Bourgogne : Hérard de Bouton aussi Conseiller en nos Conseils, Comte de Chamilly, Marquis de Nonan, Elû pour la Noblesse desdits Etats ; & Maître Jacques Grozelier nôtre Conseiller & Lieutenant Civil au Bailliage de Beaune, Elû du Tiers-Etat de nôtredite Province, & Maître Denis Rigoley, Greffier ausdits Etats, que nous aurions nommé pour Greffier de ladite Commission, procéder à la reconnoissance & verification des dettes des Villes & Communautés de ladite Province, & autres choses dépendantes de ladite vérification, ainsi que le tout est particulierement exprimé par nosdites Lettres, à quoi vous auriez travaillé avec grand soin, aplication & succez, même vous dit Sieur Bouchu seul, à cause du décez dudit Sieur Evêque d'Autun, & de l'abſence des autres, dont il nous reſte une entiere ſatisfaction, & à nos Sujets de ladite Province un ſoulagement conſiderable, particulierement à ceux des Villes & Bourgs & d'une partie des Paroiſſes du Bailliage de Dijon, dont les dettes ont été entierement par vous vérifiées, & pourvû au payement d'icelles par les Arrêts de nôtre Conſeil rendus ſur vos Procés verbaux & avis : & voulant faire parachever ce qui reſte d'un ouvrage ſi utile à noſdits Sujets, avec ceux qui ont été de nouveau Elûs aux derniers Etats de nôtredite Province de Bourgogne, tenus en la Ville de Dijon au mois de Mai dernier: A CES CAUSES, Nous vous mandons & ordonnons par ces Preſentes ſignées de nôtre main, que vous ayez à proceder inceſſamment à ce qui reſte à executer de ladite Commiſſion, conformement & ainſi qu'il vous eſt mandé par icelle, & aux clauſes, pouvoirs & conditions y contenuës, avec nôtre amé & feal Conſeiller en nos Conſeils, Charles Maurice le Tellier, Abbé de Saint Benigne, à preſent Elû du Clergé deſdits Etats: ledit Sieur Comte de Chamilly continué Elû de la Nobleſſe; Maître Pierre Bourguignet à preſent Elû du Tiers-Etat, & ledit Rigoley Greffier, encore que ledit Sieur le Tellier & ledit Bourguignet ne ſoyent ni nommés ni compris dans noſdites Lettres de Commiſſion dudit jour vingt ſeptiéme Octobre mil ſix cens ſoixante deux; vous donnant pouvoir de ſubdéleguer telles Perſonnes capables que vous aviſerés pour ſe tranſporter és lieux & endroits de lad. Province que vous trouverez bon, pour vaquer au fait de ladite Commiſſion, aprouvant & validant tout ce qui a été ou ſera ci-aprés fait par vous dit Sieur Bouchu, ſeul, en l'abſence des autres, concernant ladite Commiſſion, nonobſtant qu'il ſoit porté par noſdites Lettres que vous ſeriez trois en nombre, à quoi Nous avons dérogé & dérogeons par ceſdites Preſentes, attendu que l'execution d'icelle requiert célérité, & ne peut ſouffrir de retardement : Voulons auſſi que ceux qui ont été

& feront employés à ladite vérification, foit en qualité de Commiffaire & Greffier, vos Subdéléguez, ou autrement, ayent en vertu des Prefentes l'évocation de toutes leurs caufes & procés, tant civils que criminels, tant en demandant qu'en deffendant, en nôtre Grand Confeil, auquel Nous en avons attribué & attribuons toute Cour, Jurifdiction & connoiffance, & icelle interdifons & deffendons au Parlement de Dijon & à tous autres Juges : & feront les Parties affignées en nôtredit Grand Confeil en vertu des Prefentes, fans qu'il foit befoin d'autre Commiffion particuliere, nonobftant la furannation d'icelles, aux copies defquelles dûëment collationnées par l'un de nos amés & feaux Confeillers-Secretaires, Maifon & Couronne de France & de nos Finances, ou par ledit Rigoley Greffier de ladite Commiffion, voulons foi être ajoûtée comme à l'Original : Mandons au premier nôtre Huiffier ou Sergent fur ce requis, faire pour l'execution des Prefentes & des Ordonnances qui feront par vous rendûës, tous Exploits requis & néceffaires, fans demander autre permiffion : CAR tel eft nôtre plaifir. Donné à Paris le vingt-deuxiéme jour de Septembre, l'an de grace mil fix cens foixante cinq, & de nôtre Regne le vingt trois. *Signé*, LOUIS, *& plus bas*, Par le Roi, DE GUENEGAUD.

LOUIS DUC DE BOURBON, Prince de Condé, Premier Prince du Sang, Premier Pair & Grand-Maître de France, Duc d'Enguien, Châteauroux, Montmorency, & Fronfac, Gouverneur & Lieutenant Général pour le Roi en fes Provinces de Bourgogne & Breffe ; Et le Sieur Bouchu Confeiller du Roi en fes Confeils, Maître des Requêtes ordinaire de fon Hôtel, Intendant de Juftice, Police & Finances en Bourgogne & Breffe ; Commiffaires députez par Sa Majefté, pour avec le Sieur Charles Maurice le Tellier Confeiller du Roi en fes Confeils, Abbé de Saint Benigne, Elû du Clergé defdits Etats, le Sieur Comte de Chamilly Elû de la Nobleſſe ; Maître Pierre Bourguignet Elû du Tiers-Etat, proceder en execution deſdites Lettres Patentes.

Ordonnance deſdits Seigneurs Commiſſaires.

IL eſt ordonné aux Echevins, Syndic ou Procureur & Habitans de   de s'aſſembler en la maniere accoûtumée le premier Dimanche aprés la réception de nôtre preſente Ordonnance, & nommer en ladite Aſſemblée avec leſdits Echevins, Syndic ou Procureur, les principaux de ladite Communauté, pour dreſſer état inceſſamment de toutes les dettes d'icelle, en quelque ſorte & maniere qu'elles ayent été contractées, ſoit par contrat de rentes, obligations, finito de Comptes, Arrêts, executoires, épices pour dépens, dommages & interêts, prétenduës avances, fournitures & rembourſemens, frais, dépens, interêts échus deſdites rentes juſqu'au jour de la vérification de leurſdites dettes, & generalement pour quelque cauſe & occaſion que ce ſoit, dans lequel état ſera fait mention du nom & de la qualité de ceux qui auront contracté leſdites dettes, de la cauſe d'icelles, du nom & domicile de celui à qui elles apartiennent, & de celui qui en joüit à preſent, & ſi c'eſt en rente conſtituée, quelle ſomme eſt le ſort principal, à quel denier elle eſt créée, combien d'années d'interêts en ſont dûs, du nom & domicile du Notaire qui a reçû ledit contrat, obligation ou autre acte portant conſtitution de ladite dette, & jour de la paſſation d'icelui.

Comprendront enſuite dans le même état tous les procés & differends qu'a ladite Communauté, ſoit en demandant ou en deffendant, contre qui, en quelle Juſtice ils ont été introduits, & pour quelle cauſe, ſoit pour leſdites dettes ou épices, dépens, executoires, tailles ou autrement en quelle ſorte & maniere que ce ſoit.

Les charges ordinaires de lad. Communauté, si aucunes y a.

Les péages & octrois desquels elle a joüi & joüit à prefent, à quoi ils montent & reviennent, leur deftination & emploi, comme auffi les biens patrimoniaux, droits & fonds communaux, & autres biens d'icelle, ceux qui ont été vendus & aliénés, engagés ou ufurpés, à qui, pardevant quel Notaire, pour quelle fomme, en quel & pour quel tems, & qui en font les Poffeffeurs ou ufurpateurs.

Mettront au bas dudit état, les octrois qui peuvent être augmentés ou établis, quel avantage fe trouvera en la revente & alienation des biens patrimoniaux, droits communaux, & autres biens de ladite Communauté, ceux qui pourront être vendus & aliénés ou donnés à joüir pour un tems & pour quelle fomme; à qui les dîmes apartiennent, de combien de gerbes, de queuës de vin, ou paniers de raifin lefdites dîmes fe perçoivent, & ce qu'elles font amodiées ou eftimées.

Les noms des Habitans qui ont refidé, ou qui refident actuellement dans ladite Communauté, qui fe font induëment exemtés des tailles d'icelle, depuis quel tems & à quelles fommes ils auroient pû être impofez par chacune defdites années; de ceux defquels les tailles ont été abonnées, depuis quel tems, pour quelle caufe, à quelle fomme, par quels actes & à combien ils auroient pû être impofez, outre & par deffus ce qu'ils ont payé, tous lefquels ils feront affigner au jour qui leur fera ordonné pour dire leurs deffenfes, fi aucunes ils ont; & cependant feront tous lefdits Habitans, qui fe font induëment exemtés, & defquels les tailles ont été abonnées, fous quelque pretexte que ce puiffe être, impofés en tous les Rôlles de ladite Communauté fuivant leurs facultés: Ordonnons aux Affeeurs de les comprendre efdits Rôlles, & aux Collecteurs de leur faire payer leurs cottes, nonobftant opofition, ou apellation, ou autres empêchemens quelconques, fur lefquels ils ne pourront être oüis qu'aprés avoir juſtifié du payement actuel de leurs cottes, à peine d'en répondre par leſdits Aſſéeurs ou Collecteurs en leurs propres & privés noms : & generalement de tous les moyens, & de ce qui pourra ſervir à l'acquittement des dettes & ſoulagement de ladite Communauté.

Procederont leſdits Echevins, Syndic, ou Procureur & Habitans de ladite Communauté incontinent après le preſent Ordre reçû, à l'examen de tous leurs comptes, au moins depuis l'année mil ſix cens vingt-neuf, ſoit de tailles Royales ou négotiales par eux levées, deniers de péages, octrois & patrimoniaux, & autres impoſés, & pour quelque cauſe & occaſion que ce ſoit ; de tous ceux dont ils ont été rembourſés par leſdits Sieurs Elûs de la Province, pour Etapes ou Logemens de Gens de Guerre, décharge faite à ladite Communauté par leſdits Sieurs Elûs, & de tous les deniers generalement quelconques apartenans à ladite Communauté, les Comptables & autres Parties intereſſées preſentes, ou dûëment apellées.

Comme auſſi des obmiſſions de recette, fauſſe repriſe, double emploi, dépenſe faite ſans neceſſité, ſans Déliberation ou ſans cauſe, & generalement de toutes ſortes de malverſations & abus commis dans l'adminiſtration des deniers publics, à peine d'en répondre par leſdits Echevins, Syndic ou Procureur & principaux Habitans de ladite Communauté en leurs propres & privés noms, ſans pouvoir eſperer aucun recours, ni garantie contre ladite Communauté, & de plus grande peine s'il y échet : Ordonnons en tant que de beſoin à tous les Habitans d'icelle, de donner avis & fournir des mémoires de tous leſdits abus & malverſations qui ſeront venuës à leur connoiſſance, à peine d'être procedé contre eux, ainſi que le cas le requerera.

Ordonnons auſdits Echevins, Syndic ou Procureur & Habitans, de repreſenter pardevant Maître
que nous avons Commis & Subdelegué en vertu de nôtre Commiſſion ci-deſſus, ledit état, les pouvoirs & Délibe-

rations en vertu defquelles lefdits emprunts ont été faits, & les ratifications d'icelles fi aucunes y a, enfemble toutes les pieces juftificatives en original de l'emploi defdits emprunts, comme Ordres du Roi, Arrêts, Executoires, Sentences, comptes de ladite Communauté, quittances, acquits, Billets des Sieurs Elûs de la Province pour les tailles, & generalement toutes autres pieces fervant à la vérification defdites dettes & emploi d'icelles, depuis l'année de la création de leur plus ancienne dette.

Reprefenteront pardevant ledit Subdelegué tous les Rôlles des Impofitions, les livres des collectes de ladite Communauté, les Regiftres des Déliberations, comptes des Particuliers qui ont eû l'adminiftration des deniers publics depuis l'année de la création de leur plus ancienne dette, les Lettres & originaux de la conceffion defdits péages & octrois, baux à fermes, les amodiations, aliénations, engagemens, comptes & pieces juftificatives d'iceux, tant en general qu'en particulier, & generalement tous autres actes & enfeignemens pour la verification defdites dettes, & plus grand bien de ladite Communauté.

Et pour faciliter ladite verification, lefdits états feront dreffés & écrits feulement fur la feüille droite du papier, les revers de chaque feüille demeureront vuides & en blanc.

Seront tenus lefdits Echevins, Syndic, Procureur & Habitans de ladite Communauté de faire affigner leurs prétendus créanciers, engagiftes, acquereurs & détenteurs comptables ; ceux contre qui ils ont des procés & differends, & autres intereffés generalement quelconques, pour reprefenter pardevant nôtredit Subdelegué audit lieu de les titres & papiers en vertu defquels ils fe pretendent créanciers de ladite Communauté, ou poffedent lefdits biens communaux, avec un Certificat du Notaire pardevers lequel eft la minute defdits titres, contrats & autres actes, comme il n'y a point de quittances en marge, au bas defdites minutes, ou féparément d'icelles ; qui foient en fon pouvoir, pour lequel Certificat fera payé audit Notaire dix fols, avec deffenfes d'en exiger davantage, à peine de concuffion : à cet effet feront tenus tous détenteurs defdits comptes & autres pieces concernant lefdites Communautés, leurs Veuves & Heritiers, de les remettre inceffamment és mains defdits Syndic ou Procureur de ladite Communauté : à quoi ils feront contraints par toutes voies dûës & raifonnables, même par corps, moyennant la décharge qui leur fera donnée par lefdits Syndic & Procureur fi befoin eft, & en cas que lefdits titres & papiers ne duffent être aux archives ou coffres d'icelle.

Seront lefdits Echevins, Syndic, Procureur & Habitans de ladite Communauté, remboursés inceffamment & des premiers deniers, des frais qu'ils auront faits pour faire donner lefdites affignations & réaffignations.

Et d'autant que plufieurs créanciers pourroient refufer de reprefenter pardevant nôtredit Subdelegué leurs contrats, en ce que prétendant n'être point créanciers de ladite Communauté, mais feulement des particuliers Habitans d'icelle en leurs propres & privés noms, ils craindroient de bleffer la condition de leur prêt, ce qui empêcheroit ladite verification, pour laquelle il ne fuffit pas de connoître les dettes contractées par lefdites Communautés; mais il faut auffi éclaircir celles contractées par les particuliers Habitans d'icelles pour les affaires communes.

Nous ordonnons que lefdits créanciers qui feront affignés à la diligence dudit Syndic ou Procureur de ladite Communauté, reprefenteront au jour de ladite affignation pardevant nôtredit Subdelegué, les contrats & autres pieces juftificatives de leurs dettes, fans que par la reprefentation d'iceux il foit fait préjudice à la nature & qualité defdites dettes, ni aux actions & hypoteques des créanciers à l'encontre des particuliers obligés ; & à faute de reprefenter par lefdits créanciers leurs titres & pieces juftificatives, ils demeureront
déchûs

déchûs de leurs dettes, tant en principaux qu'interêts, en vertu de l'assignation, deffaut & réassignation qui leur aura été donnée pardevant nôtredit Subdelegué.

Ordonnons auſdits créanciers, tant de ladite Communauté que particuliers Habitans d'icelle d'ainſi le faire, & à faute par leſdits Echevins, Syndic ou Procureur & Habitans de faire donner ladite aſſignation dans ledit tems, ils demeureront reſponſables deſdites dettes en leurs propres & privés noms, & à faute auſſi par leſdits créanciers de repreſenter audit jour leurſdits titres, & Certificat du Notaire pardevant nôtredit Subdelegué, ils demeureront privez du payement deſdites dettes, tant en principaux qu'interêts, en vertu de l'aſſignation, comme dit eſt, deffaut & réaſſignation qui leur auront été données pardevant nôtredit Subdelegué.

Repreſenteront audit jour pardevant ledit Subdelegué, tous les prétendus Privilegiez, ſi aucuns y a, réſidans en ladite Communauté, les titres de leurs privileges, à faute de quoi faire ils en demeureront déchûs, ils ſeront compris dans tous les Rôlles des tailles Royales & négotiales de ladite Communauté : Ordonnons aux Aſſéeurs des tailles Royales d'icelle, d'ainſi le faire, & au Collecteur de leur faire payer leurs cottes, à peine d'en répondre en leurs propres & privez noms.

Pour de tout ce que deſſus, circonſtances & dépendances, être par ledit Subdelegué dreſſé Procés verbal, & à Nous raporté, être ordonné ce qu'il apartiendra.

Et parce qu'il ſera pourvû au payement des principaux, & des interêts échûs juſqu'audit jour de la verification des dettes de ladite Communauté, & de ceux qui écheront pendant le payement deſdits principaux, & des autres dettes d'icelle : Nous faiſons trés-expreſſes inhibitions & deffenſes à tous créanciers de ladite Communauté d'uſer d'aucunes contraintes pour le payement deſdits principaux, interêts & autres dettes de ladite Communauté generalement quelconques, jufqu'à ce qu'autrement fur nos Avis, par Sa Majefté en ait été ordonné : Faifons pleine & entiere main-levée des chofes faifies fur ladite Communauté ou particuliers Habitans obligés pour icelle en leurs propres & privés noms : Ordonnons aux Dépofitaires d'en vuider leurs mains, à ce faire contraints par toutes voies, même par corps, moyennant quoi ils en demeureront bien & valablement déchargez.

Et à l'égard des Communautés, lefquelles aprés ladite Affemblée faite au fon de la Cloche, & à la maniere accoûtumée, fe trouveront ne rien devoir, ni avoir aucun procés en demandant, ou deffendant, Nous Ordonnons qu'elles en feront déclaration pardevant ledit Subdélégué, & en fourniront un acte en bonne forme, figné du Juge, Curé, Procureur d'Office & tous autres Habitans qui fçavent figner, pour au cas que ladite déclaration fe trouveroit fauffe, être procédé contre eux par amande, ou peine corporelle, ainfi que le cas le requerera.

Seront lefdites Lettres Patentes, enfemble nôtre prefente Ordonnance & celles qui feront rendûës par nôtredit Subdélégué, executées nonobftant opofitions ou apellations, incompétences & autres empêchemens generalement quelconques, pour lefquels ne fera differé & fans préjudice d'icelles : pour raifon de quoi leur faifons deffenfes de fe pourvoir ailleurs que pardevant Nous : Mandons à tous Huiffiers & Sergens de faire tous Exploits & fignifications, executions, contraintes & autres actes que befoin fera, pour l'execution defdites Lettres Patentes, de nôtre prefente Ordonnance, & de celles qui feront rendûës par nôtredit Subdélégué : Deffendons aufdits Huiffiers & Sergens de faire aucuns Exploits au préjudice de nôtre prefente Ordonnance, aux peines portées par l'Arrêt du Confeil d'Etat, du neuviéme Mai mil fix cens foixante-trois. Et feront lefdites Lettres Patentes, nôtre prefente Ordonnance, & celles de notre Subdélégué, lûës & publiées aux Prônes des Eglifes Paroiffiales defdites Communautés, afin qu'aucun n'en prétende cause d'ignorance. Fait à Dijon le quinziéme Décembre mil six cens soixante-cinq. *Signé*, BOUCHU, CHAMILLY, BOURGUIGNET, *& plus bas*, Par Messeigneurs, RIGOLEY.

ARREST POUR LA NOUVELLE Nomination des Receveurs des Octrois.

Extrait des Régistres du Conseil d'Etat.

SUR ce qui a été representé au Roi étant en son Conseil, que les Habitans des Villes, Bourgs & Communautés du Duché de Bourgogne, Comtés du Charolois & Mâconnois, Auxerrois & Bar sur Seine, abusans de la grace à eux accordée par Sa Majesté par les Arrêts de son Conseil, portant Réglemens pour icelles, donnés sur les Avis des Sieurs Commissaires députés pour la vérification des dettes de ladite Province, par lesquels Sadite Majesté leur ayant permis d'élire & nommer dans leurs Assemblées des Receveurs des deniers d'octrois établis pour le payement de leurs dettes & charges, & autres deniers desdites Villes & Communautés, provenans de leurs biens patrimoniaux ou des impositions ordonnées par lesdits Arrêts, faisoient des brigues pour se faire nommer Receveurs desdits deniers, ce qui causoit plusieurs procés & differends, même qu'ils étoient des gens pour la plûpart insolvables, & s'étant fait élire par des mauvaises voyes dans la seule vûë de toucher lesdits deniers, les retenoient, & sous divers prétextes retardoient le payement des Créanciers qui en portoient journellement leurs plaintes ausdits Sieurs Commissaires: à quoi étant nécessaire de pourvoir, & à la sureté desdits deniers, lesquels pourroient être divertis par les Receveurs, au grand dommage desdites Communautés & Créanciers d'icelles; tout consideré: LE ROI ETANT EN SON CONSEIL, a Ordonné & Ordonne que les Receveurs desdits deniers d'octrois & autres ordonnés pour le payement des Créanciers desdites Villes, Bourgs & Communautés, & charges ordinaires d'icelles, seront nommés par lesdits Sieurs Commissaires pour faire lesdits recettes, aux mêmes droits, gages & conditions portées par lesdits Arrêts portant Réglemens pour lesdites Communautés: Ordonne Sa Majesté que les Fermiers desdits Octrois, & autres biens apartenans auxdites Communautés, remettront les deniers de leurs Fermes és mains desdits Receveurs nommés par lesdits Sieurs Commissaires, aux termes de leurs baux, aprés qu'il leur aura aparu desdites nominations, & qu'elles auront été inserées dans les Régistres du Greffe desdites Communautés, & non d'autres, à peine de payer deux fois. Fait deffenses aux Maires, Echevins, Syndics & Habitans desdites Villes, Bourgs & Communautés, de proceder à la nomination desdits Receveurs, au préjudice de ceux qui seront nommés par lesdits Sieurs Commissaires, à peine de cinq cens livres d'amende, nonobstant les Arrêts portant Réglemens pour lesdites Communautés, auxquels Sa Majesté a dérogé & déroge pour ce regard seulement, & lesquels au surplus seront executés suivant leur forme & teneur; & sera le present Arrêt executé, nonobstant opositions, apellations ou autres empêchemens quelconques, pour lesquels ne sera differé, & dont si aucuns interviennent, Sa Majesté s'en est réservé la connoissance & à son Conseil, & a icelle interdite à toutes ses autres Cours & Juges. FAIT au Conseil d'Etat du Roi, Sa Majesté y étant, tenu à Saint Germain en Laye le cinquiéme jour de Fevrier l'an de grace mil six cens soixante-six. *Signé*, PHELYPEAUX.

LOUIS, par la grace de Dieu, Roi de France & de Navarre : au premier des Huissiers de nos Conseils ou autres Huissiers ou Sergens, sur ce requis, Nous te mandons & commandons par ces Presentes signées de nôtre main, que l'Arrêt dont l'extrait est ci attaché sous le Contrescel de nôtre Chancellerie, ce jourd'hui donné en nôtre Conseil d'Etat, Nous y étant, tu signifies aux Maires, Echevins, Syndics & Habitans des Villes, Bourgs & Communautés du Duché de Bourgogne, Comtés du Charolois, Mâconois, Auxerrois & Bar sur Seine, ensemble à tous autres qu'il apartiendra, à ce qu'ils n'en prétendent cause d'ignorance, & fais pour l'entiere execution dudit Arrêt, tous commandemens, sommations, deffenses sur les peines y contenuës, & autres actes & exploits nécessaires, sans autre permission, nonobstant opositions, apellations ou autres empêchemens quelconques, pour lesquels ne voulons qu'il soit différé, dont si aucuns interviennent, Nous nous en réservons la connoissance, & à nôtre Conseil, icelle interdisons à toutes nos autres Cours & Juges ; voulons qu'aux copies dudit Arrêt, & des Presents collationnées par l'un de nos amés & feaux Conseillers & Secretaires, foi soit ajoûtée comme à l'original. CAR tel est nôtre plaisir. Donné à Saint Germain en Laye le cinquiéme jour de Fevrier l'an de grace mil six cens soixante-six, & de nôtre Regne le vingt-troisiéme, *Signé*, LOUIS : *Et plus bas*, Par le Roi, PHELYPEAUX. Et scellé avec Armes du Roi à double Sceau de cire jaune.

ARREST POUR LES REPARATIONS
des Villes & Communautés de Bourgogne.

Extrait des Régistres Conseil d'Etat.

SUR ce qui a été representé au Roi, étant en son Conseil, que les Magistrats des Villes, Bourgs & Communautés de la Province de Bourgogne avoient presenté plusieurs Requêtes aux Sieurs Commissaires députés par Sa Majesté pour la vérification des dettes desdites Communautés, pour être pourvû aux réparations des Eglises, Prisons, Ponts, Murailles, Gages des Maîtres d'Ecole, Marguilliers & autres Charges indispensables, & réparations pressées desdites Communautés, & que les Subdélégués desdits Sieurs Commissaires pour la vérification desdites dettes, en avoient raportés dans leurs Procés verbaux plusieurs de pareille nature qui attireroient un ruine considerable si on differoit plus long-tems d'y pourvoir; & sur ce qui a encore été representé à Sa Majesté, que les Maires & Echevins des Villes qui ont entrée aux Etats de ladite Province, & qui ont assisté à ceux tenus au mois de Juin mil six cens soixante-cinq, se seroient pourvûs ausdits Sieurs Commissaires pour être payés des frais de leurs voyages, attendu que Sa Majesté n'a laissé aucun fond ausdites Villes pour cette dépense: oüi le Raport du Sieur Colbert Conseiller ordinaire au Conseil Royal, & Controlleur General des Finances. LE ROI ETANT EN SON CONSEIL, a Ordonné & Ordonne que par lesdits Sieurs Commissaires ou leurs Subdélégués, il sera dressé des Procés verbaux des réparations nécessaires desdites Villes, Bourgs & Communautés, pour y être ensuite pourvû par lesdits Sieurs Commissaires, & au payement des charges & de la dépense desdits voyages, par imposition sur les contribuables, par double dîme, aliénation, vente ou joüiffance pour un tems des communaux, ou par tels autres moyens les moins dommageables aufd. Communautés que faire se pourra, & qui seront avisez par lesdits Sieurs Commissaires; & feront leurs Ordonnances executées, nonobstant opositions, apellations, incompétences ou autres empêchemens generalement quelconques, dont si aucuns interviennent, Sa Majesté s'en est reservé la connoissance & à son Conseil, & a icelle interdite à toutes ses autres Cours & Juges. FAIT au Conseil d'Etat du Roi, Sa Majesté y étant, tenu à Fontainebleau le seiziéme jour d'Août mil six cens soixante-six. *Signé*, PHELYPEAUX

LOUIS par la grace de Dieu, Roi de France & de Navarre: aux Sieurs Commissaires par Nous députez pour la vérification des dettes des Communautés de nôtre Province de Bourgogne; SALUT. Suivant l'Arrêt dont l'Extrait est ci-attaché sous le Contre-scel de nôtre Chancellerie, ce jourd'hui donné en nôtre Conseil d'Etat, Nous y étant; Nous avons Ordonné & Ordonnons par ces Presentes signées de nôtre main, qu'il sera par vous ou vos Subdélégués, dressé Procés verbaux des réparations nécessaires & pressées des Villes, Bourgs & Communautés de nôtredite Province, pour par vous y être ensuite pourvû par imposition sur les contribuables, double dîme, aliénations, ventes ou joüissance pour un tems des communaux, ou par tels autres moyens que vous jugerez les moins dommageables ausdites Communautés, & pourvû au payement des charges, frais de voyages qui ont été faits par les Maîres & Echevins desdites Communautés, qui ont entrée aux Etats de ladite Province & qui y ont assisté l'année derniere; A CES CAUSES, Nous vous mandons & ordonnons d'executer & faire executer ledit Arrêt, & tenir la main à ce qu'il n'y soit contrevenu; & seront vos Ordonnances executées nonobstant opositions, apellations, incompétances & autres empêchemens généralement quelconques, dont si aucuns interviennent Nous nous en réservons la connoissance & à nôtre Conseil, icelle interdisons à toutes nos autres Cours & Juges. Commandons au premier Huissier ou Sergent sur ce requis de signifier ledit Arrêt ausdites Communautés, Maires, Echevins, Syndics & Habitans d'icelles, & tous autres qu'il apartiendra, à ce qu'ils n'en prétendent cause d'ignorance, & faire pour ladite execution tous commandemens, sommations, deffenses & autres actes & exploits nécessaires, sans autre permission ; voulons qu'aux copies dudit Arrêt, & des Presentes collationnées par l'un de nos amés & féaux Conseillers & Secretaires, ou par le Greffier de lad. Commission, foi soit ajoutée comme aux originaux: CAR tel est nôtre plaisir. Donné à Fontainebleau le seiziéme jour d'Août l'an de grace mil six cens soixante six, & de nôtre Regne le vingt-quatriéme, *Signé*, LOUIS; *& plus bas*, Par le Roi, PHELYPEAUX.

EXTRAIT DES REGISTRES du Conseil d'Etat.

De l'Arrêt du Conseil d'Etat du 14 Mai 1667, a été extrait ce qui suit.

Fait Sadite Majesté tres-expresses inhibitions & deffenses à tous les Habitans desdites Communautez d'aliéner le fond des bois & autres communaux qui leur apartiennent, ni d'en faire aucun partage avec leurs Seigneurs, sans permission expresse de Sa Majesté, à peine de nullité desdites aliénations & desdits partages, & sans que pour raison d'icelles lesdites Communautez en puissent être dépossedées par quelque laps de tems que ce soit, & sous quelques titres & prétextes que lesdites aliénations ou partages puissent être faites, sauf à être pourvû aux Seigneurs desdites Communautez haurez sur les droits qu'ils prétendent avoir, si aucuns ils ont, lors de l'aliénation desdits communaux, en fond ou superficie, desquels ils justifieront pardevant lesdits Sieurs Commissaires députés pour la vérification des dettes de ladite Province : & à l'égard des aliénations faites depuis l'année mil six cens dix, des communaux ou partages d'iceux avec leurs Seigneurs, représenteront les détenteurs desdits communaux, tant Seigneurs qu'autres, les titres en vertu desquels ils joüissent d'iceux pardevant lesdits Sieurs Commissaires, pour être par eux donné avis à Sa Majesté, & par Elle ordonné ce qu'il apartiendra, au plus grand avantage desdites Communautés : veut & ordonne Sadite Majesté que les bois & communaux, dont lesdites Communautés se pourront passer, soyent mis en réserve pour être conservés & employés à leurs utilités dans leurs nécessités pressantes, & quand le cas le requerera, ainsi qu'il sera ordonné par lesdits Sieurs Commissaires ou leurs Subdélégués, avec deffenses ausdits Habitans & Seigneurs d'entrer dans lesdits communaux mis en réserve, à peine de tous dépens, dommages & intérêts, & de plus grande s'il y échet.

Sera pourvû par lesdits Sieurs Commissaires aux charges ordinaires & nécessaires & utiles desdites Communautés, aux réparations des Eglises, des Ponts, des Chemins & autres nécessités pressantes, d'icelles par impositions, aliénations desdits communaux, doubles dîmes, & par tous moyens les moins dommageables ausdites Communautés, sur le Procés verbal qui sera dressé desdites réparations, & l'adjudication au rabais qui sera par eux faite, ou leurs Subdélégués &c. à celui qui en fera la condition meilleure.

EDIT

POUR LA REUNION DES COMMUNAUX aliénés aux Communautés.

LOUIS par la grace de Dieu Roi de France & de Navarre, à tous presents & à venir, SALUT: Entre les désordres causés par la licence de la Guerre, la dissipation des biens des Communautés a paru des plus grande; elle a été d'autant plus generale que les Seigneurs, les Officiers & les Personnes puissantes se sont aisément prévalües de la foiblesse des plus nécessiteux: que les interêts des Communautés y sont ordinairement les plus mal soûtenus, & que rien n'est davantage exposé que les biens dont chacun s'estime le maître: en effet quoique les usages & communes apartiennent au public, à un titre qui n'est ni moins favorable ni moins privilégié que celui des autres Communautés qui se sont maintenuës dans leurs biens par l'incapacité de les aliéner, sinon en des cas singuliers & extraordinaires, & tous à faute de régle, néanmoins l'on a partagé les communs, chacuns s'en est accommodé selon sa bienséance, & pour en dépoüiller les Communautés, l'on s'est servi des dettes simulées, & abusé, pour cet effet des formes plus régulieres de la Justice, aussi les communes qui avoient été concedées d'usage seulement pour demeurer inséparablement attachées aux habitations des lieux pour donner moyens aux Habitans de nourrir des bestiaux, & de fertiliser leurs terres par les engras, & plusieurs autres usages en ayant été aliénez, les Habitans étant privés des moyens de faire subsister leurs familles, ont été forcés d'abandonner leurs maisons, & par cet abandonnement leurs bestiaux ont péri, les terres sont demeurées incultes, les Manufactures & le Commerce en ont souffert, & le public en a reçû des préjudices très considerables ; & comme l'amour paternel que nous avons pour tous nos Sujets fait porter nos soins par tout, que la consideration que nous faisons des uns n'empêche pas que nous ne fassions réflexion sur les autres, que nous n'avons rien d'avantage à cœur que de garantir les plus foibles de l'opression des plus puissants, & de faire trouver aux plus nécessiteux du soulagement dans leur misere; Nous avons estimé que nous ne pouvions employer des moyens plus convenables dans leurs usages & communs aliénés, & leur donner moyen d'acquitter lesdites dettes légitimes ; & d'autant qu'il seroit impossible de rétablir la culture des terres, & de les remélliorer par les engras, en laissant les bestiaux sujets aux saisies de tous les Créanciers particuliers, sans distinction, qu'en l'exemtant pour un tems des executions, les débiteurs deviendront plus accommodés, les terres produiront davantage, & chacun en recevra de notables commodités : A CES CAUSES & autres considerations à ce Nous mouvans, de l'avis de nôtre Conseil & de nôtre grace spéciale, pleine puissance & autorité Royale, Nous avons dit & ordonné, & par ces Presentes signées de nôtre main, disons, ordonnons, voulons & nous plaît, que dans un mois à compter du jour de la publication des Presentes, les Habitans des Paroisses & Communautés dans toute l'étendüe de nôtre Royaume, rentrent sans aucune formalité de Justice, dans les fonds, prez, pâturages, bois, terres, usages, communes, communaux, droits & autres biens communs par eux vendus ou baillés à baux ou emphytéotique, depuis l'année mil six cens vingt, pour quelques causes & occasions que ce puisse être, même à titre d'échange, en rendant toutes fois en cas d'échange, les héritages échangés : & à l'égard des autres aliénations, en payant & remboursant aux Acquereurs dans dix ans, en dix payemens égaux, d'année en année, le prix principal desdites aliénations faites pour causes légitimes

& qui aura tourné au bien & utilité desdites Communautés, suivant la liquidation qui en sera faite par les Commissaires à ce par Nous députés, & cependant l'interêt à raison du denier vingt-quatre, qui diminuera à proportion des payemens qui seront faits, sans que les Créanciers des Communautés, même ceux qui se trouveront Créanciers pour raison du remboursement du prix pour lequel les communs auront été aliénés, puissent faire saisir lesdits communs, ni en faire faire bail judiciaire, ni s'en faire ajuger les fruits ou la joüissance à quelques titres ou sous quelques prétextes que ce soit, en Justice ou par convention faite avec les Habitans, à peine de perdre leur dû, & de deux mille livres d'amende: voulons qu'à cet effet les sommes nécessaires pour lesdits remboursemens soient imposées & levées sur tous & chacuns les Habitans desdites Communautés & Paroisses, le tout nonobstant tous contrats, transactions, Arrêts, Jugemens, Lettres Patentes vérifiées & autres choses à ce contraire; auquel remboursement voulons que tous les Habitans des Paroisses contribuënt, même les exempts & privilégiés, lesquels à cet effet seront taxés d'office par les Commissaires par Nous départis dans les Provinces, à proportion des biens qui se trouveront possédés dans lesdites Paroisses: deffendons à toutes personnes de quelque qualité & condition qu'elles soient, & à leurs Fermiers, d'envoyer leurs bestiaux paccager dans lesdites Communautés, ni de prendre aucune part dans lesdits usages, qu'ils n'ayent payé lesdites sommes ausquelles il seront compris pour lesdits remboursemens, à peine de confiscation de bestiaux & de deux mille livres d'amende; & seront tenus tous Seigneurs prétendant droit de tier dans les usages, communes & communaux des Communautés qui en auront fait faire le triage à leur profit depuis l'année mil six cens trente, d'en abandonner & délaisser la libre & entiere possession au profit desdites Communautés, nonobstant tous contrats, transactions, Arrêts, Jugemens & autres choses à ce contraires: & au regard des Seigneurs qui se trouvefont en poffeffion defdits ufages auparavant lefdites trente années, fous prétexte dudit tiers, ils feront tenus de reprefenter le titre de leur poffeffion pardevant les Commiffaires à ce députés, pour en connoiffance de caufe y être pourvû ; & en cas que lefdits Seigneurs foient & demeurent maintenus dans les tiers, ne pourront eux ni leurs Fermiers ufer comme les autres Habitans defdits pâturages, bois, communes & autres ufages, à peine de réunion de la portion qui leur aura été affignée pour leur triage : & au moyen de ce que deffus faifons trés expreffes inhibitions & deffenfes à toutes perfonnes de quelque qualité & condition qu'elles foyent, de troubler ni empêcher lefdits Habitans defdites Communautés, dans la pleine & entiere poffeffion de leurs biens communs, & aufdits Habitans de plus aliéner leurs ufages & communes, fous quelques caufes & prétextes que ce puiffe être, nonobftant toutes permiffions qu'ils pourroient obtenir à cet effet, à peine contre les Confuls, Echevins & Procureurs, Syndics & autres perfonnes chargées des affaires defdites Communautés, qui auront paffé, contrats ou affifté aux Déliberations qui auront été tenûës à cet effet, de trois mille livres d'amende, au payement de laquelle ils feront folidairement contraints au profit des Hôpitaux Generaux des lieux, de nullité des contrats, & de perte du prix contre les Acquereurs, qui fera pareillement délivré aufdits Hôpitaux : & pour traiter d'autant plus favorablement les Communautés, Nous les avons confirmées & confirmons par ces Prefentes dans la poffeffion & joüiffance des ufages & communes qui leurs ont été concedés par les Rois nos Prédéceffeurs & par Nous même; leur remettons le droit de tiers qui nous pourroit apartenir dans lefdits ufages & communes, & en conféquence deffendons à nos Officiers & à tous autres de demander, pourfuivre, ni faire faire aucun triage à nôtre profit pour raifon de ce, fans préjudice des aliénations qui pourroient avoir été faites dudit tiers à Nous apartenant en execution de l'Edit de l'année mil six cens dix-neuf qui en ordonne l'aliénation, ni du droit de tiers & danger, aussi à Nous apartenant dans les bois & forêts : en désirant pourvoir à la conservation des bestiaux, Nous avons fait comme nous faisons trés-expresses inhibitions & deffenses à tous Huissiers & Sergens de procéder pendant le tems de quatre années par voie de saisie, ni de vendre aucuns bestiaux, soit pour dettes de Communautés ou particuliers, à peine d'interdiction de leurs Charges & de trois mille livres d'amende aplicable moitié à Nous, & l'autre moitié à la Partie, & de tous ses dépens, dommages & interets ; sans préjudice néanmoins du privilége des Créanciers qui auront donné les bestiaux à chetel, qui les auront vendus ou qui en auront payé le prix, même des Proprietaires des fermes & terres, pour leurs loyers & fermages sur les bestiaux qui seront sur leurs terres, apartenans à leurs Fermiers, ausquels il sera loisible de faire procéder par voie de saisie sur les bestiaux, nonobstant lesdites deffenses : SI DONNONS EN MANDEMENT à nos amés & féaux Conseillers les Gens tenans nôtre Cour de Parlement à Dijon, que ces Presentes ils ayent à régistrer, & le contenu en icelles faire executer pleinement & entierement, cessant & faisant cesser tous troubles & empêchemens au contraire ; nonobstant tous dons, Edits, Déclarations, Arrêts, Réglemens, Coûtumes, usages & autres choses à ce contraires, ausquelles Nous avons dérogé & dérogeons par ces Presentes : CAR tel est nôtre plaisir ; & afin que ce soit chose ferme & stable à toûjours, Nous avons fait mettre nôtre Scel à cesdites Presentes. DONNÉES à Saint Germain en Laye au mois d'Avril l'an de grace mil six cens soixante-sept, & de nôtre Regne le vingt-quatriême : *signé*, LOUIS, *& plus bas*, Par le Roi, PHELYPEAUX, *& plus bas*, *Visa*, SEGUIER. Scellé d'un lacet en cire verte.

VEU les Lettres Patentes du Roi en forme d'Edit, données à Saint Germain en Laye au mois d'Avril dernier,

Signées ; LOUIS, & plus bas, Par le Roi, PHELYPEAUX ; Scellées en cire verte, portant que dans un mois aprés la publication dudit Edit, les Habitans des Paroisses & Communautés dans toutes l'étenduë de son Royaume, rentreroient sans aucune formalité de Justice dans tous les biens communs par eux aliénés depuis l'année mil six cens vingt, en remboursant aux Acquereurs dans dix ans en dix payemens égaux, d'année en année, le prix principal desdites aliénations faites pour causes légitimes, & qui auront tourné au bien & utilité desdites Communautés, & cependant l'interêt au denier vingt-quatre, qui diminueroit à proportion des payemens qui seront faits, Que tous Seigneurs prétendant droit de tiers dans les usages, communes & communaux des Communautés, ou qui en auroient fait faire le triage à leur profit, depuis l'année mil six cens trente seroient tenus d'en abandonner & délaisser la libre & entiere possession au profit desdites Communautés, nonobstant tous contrats, transactions, Arrêts, Jugemens & autres choses à ce contraires ; & au regard des Seigneurs qui se trouveroient en possession desdits heritages auparavant lesdites trente années, sous prétexte dudit tiers, ils seroient tenus de representer le titre de leur possession pardevant les Commissaires à ce députés, pour en connoissance de cause y être pourvû ; & que tous bestiaux ne pourroient être saisis ni vendus pour dettes de Communautés ni particuliers pendant quatre ans, sans préjudice néanmoins du privilége des Créanciers qui auroient donnés des bestiaux à chetel, qui les auroient vendus ou qui en auroient payé le prix, & des Proprietaires des terres & fermes, pour leurs loyers & fermages, sur les bestiaux qui seroient sur leurs terres apartenans à leurs Fermiers, ausquels il seroit loisible de faire proceder par voie de saisie sur les bestiaux : Conclusions du Procureur General ; LA COUR, les Chambres assemblées, a ordonné & ordonne que ledit Edit sera publié en Audience, régistré & executé selon sa forme & teneur,

& les copies d'icelui & du present Arrêt feront à la diligence du Procureur-General envoyées au Préfidial de Brefle, & dans tous les Bailliages & Siéges de ce Reflort, pour y être pareillement lûs, publiés, & régiftrés & ledit Edit executé. FAIT en Parlement à Dijon le fixiéme Juillet mil fix cens foixante fept, *Signé*, JOLY. Collationné.

RELIEF D'ADRESSE POUR LA COMMISSION de la Verification des Dettes de Bourgogne, du onziéme Juin 1668.

LOUIS par la grace de Dieu Roi de France & de Navarre: à nôtre trés-cher & bien amé Coufin le Prince de Condé, Premier Prince de nôtre Sang, & Premier Pair de France, Gouverneur & nôtre Lieutenant Général en nôtre Province de Bourgogne & Brefle, & à nôtre amé & féal Confeiller en nos Confeils, Maître des Requêtes ordinaire de nôtre Hôtel, le Sieur Bouchu, Intendant de Juftice, Police & Finances en nofdites Provinces de Bourgogne & Brefle. SALUT: Par nos Lettres Patentes du vingt deuxiéme Octobre mil fix cens foixante deux, Nous vous aurions commis & députés, pour avec nôtre amé & féal Confeiller en nôtre Confeil, Loüis Dony d'Attichy Evêque d'Autun, Comte de Saulieu, Préfident & Elû des Etats de nôtredite Province de Bourgogne : Herard de Bouton auffi Confeiller en nos Confeils, Comte de Chamilly, Marquis de Nonan, Elû pour la Nobleffe defdits Etats: & Maître Jacques Grozelier nôtre Lieutenant Civil au Bailliage de Beaune, Elû du Tiers-Etat de nôtredite Province ; & Maître Denis Rigoley Greffier aufdits Etats, que Nous aurions nommé pour Greffier de ladite Commiffion, procéder à la reconnoiffance & vérification defdites dettes des Villes & Communautés de ladite Province, & autres chofes dépendantes

tes de ladite vérification, ainsi que le tout est particulierement exprimé par nosdites Lettres, à quoi vous auriez travaillé avec grand soin, aplication & succés, même vous le Sieur Bouchu seul, à cause du décés dudit Sieur Evêque d'Autun, & de l'absence des autres, dont il nous reste une entiere satisfaction, & à nos Sujets de ladite Province un soulagement considerable; & ayant ordonné la continuation de ladite Commission avec ceux qui avoient été nommés Elûs aux Etats de nôtredite Province, tenus au mois de Mai de l'année 1665, par nos Lettres Patentes du vingt-septiéme Septembre audit an, conformément & ainsi qu'il est porté par lesdites Lettres du vingt-septiéme Octobre de ladite année 1662, à quoi ayant été procédé avec le même soin & aplication, vous auriez vérifié les dettes de la plus grande partie de toutes les Communautés de ladite Province & Comtés; & désirant de mettre un si grand ouvrage en sa perfection, & par ce moyen liberer lesdites Villes, Bourgs & Communautés de ladite Province & Comtés, des grandes dettes dont elles étoient accablées: A CES CAUSES, Nous vous mandons & ordonnons par ces Presentes signées de nôtre main, que vous ayez a procéder incessamment à ce qui reste à executer de ladite Commission, conformément & ainsi qu'il vous est mandé par icelles, & aux clauses, pouvoirs & conditions y contenuës, avec le Sieur Morlet Doyen de l'Eglise Collégiale de Beaune, Chanoine de nôtre Sainte Chapelle Royale de Dijon; le Sieur de Thyard, Chevalier, Seigneur de Bissy, Baron de Pierre, Lieutenant General dans les Armées du Roi, Mestre de Camp d'un Régiment de Cavalerie; & Maître Jacques Jannel Avocat au Parlement, Elû desdits Etats, & ledit Rigoley Greffier, encore qu'ils ne soyent compris dans nosdites Lettres du vingt-septiéme Octobre 1662, & vingt-deuxieme Septembre 1665, conformément ausquelles dernieres Lettres, Nous vous donnons pouvoir de subdéléguer, aprouvant & validant tout ce qui a été ou sera ci-aprés fait par vousdit Sieur Bouchu

G

seul ; nonobstant ce qui est porté par nosdites premieres Lettres ; Voulons aussi que ceux qui ont été & seront employez à ladite vérification, soit en qualité de Commissaire & Greffier, vos Subdélégués ou autrement, ayent en vertu des Presentes, l'évocation de toutes leurs causes & procés civils & criminels, ainsi qu'il est porté par nosdits Lettres du vingt-deuxiéme Septembre 1665, & qu'aux copies des Presentes dûement collationnées par l'un de nos amés & féaux Conseillers & Secretaires, ou dudit Rigoley Greffier de ladite Commission, foi soit ajoûtée comme à l'original. Mandons au premier nôtre Huissier ou Sergent sur ce requis faire pour l'execution des Presentes, & des Ordonnances qui seront par vous rendûës, tous exploits requis & nécessaires, sans demander autre permission ; CAR tel est nôtre plaisir. Donné à Saint Germain en Laye le onziéme jour de Juin l'an de grace mil six cens soixante huit, & de nôtre Regne le vingt-sixiéme. *Signé*, LOUIS; *& plus bas*, Par le Roi, PHELYPEAUX.

ARREST QUI ORDONNE QU'IL sera procédé à la Verification des Dettes omises.

Extrait des Régistres du Conseil d'Etat.

SUR ce qui a été representé au Roi étant en son Conseil, que Sa Majesté ayant fait proceder à la vérification des dettes des Bourgs, Villes & Communautés de sa Province de Bourgogne, Comtés de Charollois, Mâconois, Auxerrois & Bar sur Seine, dépendans des Etats de ladite Province, en vertu de ses Lettres Patentes du vingt-septiéme Octobre mil six cens soixante-deux, & vingt-deuxiéme Sepsembre mil six cens soixante-cinq ; Elle auroit par les Arrêts de son Conseil donnés sur les Avis des Sieurs Commissaires par elle nommés par lesdites Lettres Patentes, pour réprimer tous les abus qui se commettoient dans lesdites Villes & Communautés, deffendu aux Maires & Echevins de faire aucuns emprunts, ni d'imposer d'autres sommes que celles portées par les Commissions des Sieurs Elûs desdits Etats, sur peine de la vie, & déchargé icelles de toutes les dettes desquelles les Créanciers n'auroient pas representé les titres & contrats pardevant lesdits Sieurs Commissaires, & qui n'étoient comprises esdits Arrêts, portant Réglemens pour lesdites Villes & Communautés, attendu les Ordonnances données par lesdits Sieurs Commissaires sur ce sujet ; néanmoins quelques diligences qu'ils y eussent aporté, il est arrivé par la négligence desdits Maires, Echevins & Procureus Syndics desdites Villes, Bourgs & Communautés, que tous les Créanciers n'ont pas été assignés, soit à cause de la distance des lieux de leur demeure ou autrement, qui se sont depuis pourvûs par Requête ausd. Sieurs Commissaires pour leur être fait droit sur plusieurs dettes & prétentions qu'ils ont à l'encontre desdites Villes, Bourgs & Communautés, lesquelles ont été encore engagées en de nouvelles dettes, soit pour avances faites par des Echevins, Procureurs Syndics pendant leur Magistrature, & par les Collecteurs des tailles, à cause des procés qui leurs ont été intentés, soit pour des voyages & autres dépenses indispensables, des réparations à faire aux Eglises, Maisons Curiales & autres ouvrages publics, pour voyages faits par les Députés aux Etats Generaux de ladite Province tenus és mois de Mai & Juin mil six cens soixante-cinq, & Janvier mil six cens soixante-huit, payemens des charges ordinaires, & autres causes & dépenses nécessaires & utiles, pour le remboursement desquelles lesdites Communautés sont inquietées & tirées en instance pardevant lesdits Commissaires ; à quoi étant nécessaire de pourvoir : oüi le Raport du Sieur Colbert Conseiller ordinaire au Conseil Royal, & Controlleur General des Finances; SA MAJESTE ETANT EN SON CONSEIL a ordonné & ordonne qu'il sera procédé par lesdits Sieurs Commissaires à la vérification & liquidation desdites dettes omises, si aucunes sont, sur la representation des titres & contrats constitutifs d'icelles, & pourvû au payement par imposition sur les contribuables par forme de dîme, ventes des communaux en fond ou superficie, aliénation d'iceux pour un tems, ou par les moyens qui seront jugez par lesdits Sieurs Commissaires les moins à la foule desdites Communautés: comme encore il sera pourvû au payement desdits voyages pour la tenuë desdits Etats, remboursemens d'avances, réparations, & autres dépenses & dettes generalement quelconques, tant pour le passé que pour l'avenir, ainsi que le tout sera liquidé par lesdits Sieurs Commissaires, & par les moyens ci-dessus; leur donnant Sa Majesté pour raison de ce toute Cour, pouvoir & autorité, & interdisant icelle à toutes ses autres Cours & Juges: validant Sa Majesté dés à present tout ce qui pourroit avoir été & sera ci-après fait, & voulant que tout ce qui sera ordonné par lesdits Sieurs Commissaires, pour raison desdits payemens & remboursemens, soit executé nonobstant opositions, apellations ou autres empêchemens quelconques, pour lesquels il ne sera differé, & sans préjudice d'iceux, desquels Sa Majesté s'en est réservée la connoissance, & à icelle interdit à tous ses autres Cours & Juges. Fait au Conseil d'Etat du Roi, Sa Majesté y étant, tenu à Saint Germain en Laye le onziéme jour de Juin mil six cens soixante huit. *Signé*, PHELYPEAUX.

※※※※※※※※※※※※※※※※※※※※※※※※※※※※※※

EXTRAIT DES REGISTRES DU CONSEIL *d'Etat du Roi.*

SUR ce qui a été representé au Roi étant en son Conseil, que sur plusieurs procés & differends entre les Communautés, & les Particuliers Habitans de la Province de Bourgogne, les Sieurs Commiſſaires députés par ſes Lettres Patentes des vingt-ſept Octobre 1662, vingt-deuxiéme Septembre 1665, & onziéme Juin 1668, pour la verification des dettes de ladite Province, auroient donnés leurs Avis à Sa Majeſté, dont par ſes Arrêts rendus ſur les Procès verbaux de la vérification deſdites dettes, elle leur auroit renvoyé la connoiſſance pour être jugés & terminés, ou pour donner leurs avis à Sa Majeſté, ainſi qu'ils verront bon être, nonobſtant opoſitions & apellations ou autres empêchemens quelconques, & ſans préjudice d'iceux, dont Sa Majeſté s'en eſt réſervé la connoiſſance & à ſon Conſeil ; & qu'ayant été procédé en conſéquence au Jugement de pluſieurs deſdits procés & differends, qui pour la plûpart ne ſont que d'une petite importance ; ſur la réquiſition des Parties, & aprés une exacte inſtruction & diſcution d'iceux, & avoir oüi leſdites Parties par leurs bouches, ou de leurs Procureurs, & ſans frais, les plus opiniâtres ou les plus riches ſe prévalant de la miſére & pauvreté deſdites Communautés, auroient obtenu des Commiſſions au Conſeil, pour y faire aſſigner leſdites Communautés, afin de plaider ſur les apellations interjettées par eux deſdits Jugemens ; ce qui auroit obligé les Syndics & Echevins deſdites Communautés de ſe pourvoir auſdits Sieurs Commiſſaires, pour obtenir la permiſſion de faire des impoſitions ſur elles, pour fournir à la dépenſe néceſſaire pour ſe deffendre & ſoutenir leſdits procés ; & comme la plus grande partie des dettes des Communautés ont été contractées pour des ſemblables voyages, & des pareilles dépenſes, leſdits Sieurs Commiſſaires leurs auroient refuſé leſdites permiſſions pour empêcher leur ruine, & donner leurs Avis à Sa Majeſté ; à quoi étant néceſſaire de pourvoir, vû l'Avis deſdits Sieurs Commiſſaires, & oüi le Raport du Sieur Colbert, Conſeiller ordinaire au Conſeil Royal, Controlleur General des Finances : LE ROI ETANT EN SON CONSEIL, a Ordonné &

Ordonne que tous les Jugemens defdits Sieurs Commiffaires donnés entre lefdites Communautés & les particuliers d'icelles ou d'autres lieux, ou entre lefdits particuliers, où lefdites Communautés ont interêt, feront executés fuivant leur forme & teneur, nonobftant opofitions ou apellations & autres empêchemens generalement quelconques, fur lefquels lefdites Parties ne fe pourront pourvoir qu'au Confeil de Sa Majefté, après que leurs Raporteurs en auront communiqué au Sieur Colbert Controlleur General des Finances, & après que les Parties auront juftifié de l'execution defdits Jugemens, & en joignant à leurs Requêtes un extrait d'iceux. Fait Sadite Majefté trés-expreffes inhibitions & deffenfes aufdites Parties de fe fervir d'autres Commiffions ni Arrêts que de ceux donnés ainfi qu'eft dit, à peine de nullité & de cinq cens livres d'amende: Ordonne Sa Majefté au Sieur Prince de Condé, Lieutenant General, & Gouverneur de ladite Province, & au Sieur Bouchu Intendant de Juftice, Police & Finances en icelle, de tenir la main à l'execution du prefent Arrêt. Fait au Confeil d'Etat du Roi, Sa Majefté y étant, tenu à Saint Germain en Laye le neuviéme jour de Mai mil fix cens foixante-neuf. *Signé*, PHELYPEAUX.

LOUIS par la grace de Dieu, Roi de France & de Navarre: à Nôtre trés-cher & trés-amé Coufin le Prince de Condé, Premier Prince de nôtre Sang, Gouverneur & Lieutenant General pour Nous en nos Provinces de Bourgogne & Breffe: & à nôtre amé & féal Confeiller en nos Confeils, Maître des Requêtes ordinaire de nôtre Hôtel, Intendant de Juftice, Police & Finances efdites Provinces, le Sieur Bouchu, SALUT. Nous vous mandons & ordonnons par ces Prefentes fignées de nôtre main, chacun endroit foi, de tenir la main à l'execution de l'Arrêt, dont l'extrait eft ci attaché fous le Contrefcel de nôtre Chancellerie, ce jourd'hui donné en nôtre Confeil d'Etat, Nous y étant, concernant l'execution des Jugemens par vous rendus entre les Communautés de nôtredite Province de Bourgogne, & les particuliers d'icelles, ou d'autres lieux, ou entre les particuliers & où lesdites Communautés ont interêt, qui seront executés nonobstant opositions, apellations & autres empêchemens generalement quelconques, sur lesquelles les Parties ne se pourront pourvoir qu'en nôtredit Conseil : Commandons au premier nôtre Huissier ou Sergent sur ce requis de signifier ledit Arrêt à tous qu'il apartiendra, à ce qu'ils n'en prétendent cause d'ignorance, & faire pour l'entiere execution d'icelui, tous commandemens, sommations, deffenses & autres actes & exploits nécessaires, sans autres permissions : Voulons qu'aux copies dudit Arrêt & des Presentes collationnées par l'un de nos amés & féaux Conseillers & Secretaires, ou par le Greffier de ladite Commission, foi soit ajoûtée comme aux originaux : CAR tel est nôtre plaisir. Donné à Saint Germain en Laye le neuviéme jour de Mai, l'an de grace mil six cens soixante neuf, & de nôtre Regne le vingt sixiéme, , *Signé*, LOUIS : & *plus bas*, Par le Roi, PHELYPEAUX.

COMMISSION

A MONSIEUR LE DUC D'ENGUIEN pour la Liquidation des Dettes des Communautés de Bourgogne.

LOUIS par la grace de Dieu Roi de France & de Navarre : à nôtre trés cher & bien amé Cousin le Duc d'Enguien, Gouverneur & nôtre Lieutenant General en nôtre Provinne de Bourgogne & Bresse : & à nôtre amé &

féal Conseiller en nôtre Conseil, Maître des Requêtes ordinaire de nôtre Hôtel, le Sieur Bouchu, Commissaire par nous départi dans nosdites Provinces de Bourgogne & Bresse, SALUT: par nos Lettres Patentes du vingt-septiéme Octobre 1662, vingt-deuxiéme Septembre 1665, & onziéme Juin mil six cens soixante-huit, Nous aurions ordonné que par les Commissaires y dénommés, il seroit procédé à la liquidation des dettes des Communautés desdites Provinces, & pourvû au remboursement des légitimes Créanciers en la forme prescrite par ladite Commission; & d'autant que Nous aurions été informés qu'il se trouve encore aucunes desdites dettes à liquider, & nôtre intention étant que lesdites Communautés soyent & demeurent pleinement & entierement déchargées de toutes dettes, de quelque nature & qualité qu'elles soyent, & pourvû au remboursement de leurs légitimes Créanciers; à quoi nôtre trés-cher & bien amé Cousin le Prince de Condé, ne pouvant plus vacquer: A CES CAUSES & autres considerations, à ce nous mouvans, Nous vous avons commis, ordonné & député, & par ces Présentes signées de nôtre main, commettons, ordonnons & députons pour proceder à l'execution de ladite Commission, en consequence faire la liquidation des dettes des Communautés qui restent à vérifier, régler les moyens de faire le payement des sommes liquidées, faire les baux à ferme des droits & impositions qui seront établies pour faire lesdits payemens, décerner toutes contraintes nécessaires contre les refusans de payer lesdits droits, juger & décider tous procès, tant civils que criminels, même connoître des cas de sédition & émotion qui pourroient arriver pour raison de ce; procéder en outre à la révision des comptes des Communautés, en juger les differends, circonstances & dépendances, sans que les Subdélégués puissent ci-aprés user des évocations portées par les précédentes Commissions, auxquelles nous avons dérogé & dérogeons à cet égard; Mandons au premier nôtre

Huissier

Huissier ou Sergent sur ce requis, faire pour l'execution des Presentes, & de vos Ordonnances, tous exploits, commandemens, sommations, contraintes, & autres actes & exploits nécessaires ; de ce faire lui donnons pouvoir. CAR tel est nôtre plaisir. Donné à Saint Germain en Laye le trentiéme jour de Mars l'an de grace mil six cens septante-un, & de nôtre Regne le vingt-huitiéme. *Signé*, LOUIS : *& plus bas*, Par le Roi, PHELYPEAUX.

ARREST DU CONSEIL,

QUI renvoye à Messieurs les Commissaires les contestations entre le Clergé, les Compagnies du Parlement de Dijon, & autres, au sujet de la répartition des dépenses publiques & nécessaires, & pour le lieu où se devoient faire les Assemblées qui se tenoient sur ce sujet, pour dresser leur Procés verbal des raisons des Parties, & donner avis.

SUR la Requête presentée au Roi, étant en son Conseil, par les Vicomte Mayeur, Echevins & Procureur Syndic de la Ville de Dijon, contenant, que par les Ordonnancés des Ducs Jean, de l'année 1413 ; Philipes le Bon, des années 1426, & 1455 ; des Rois Loüis XII, en 1510 ; François Premier en 1545 ; Charles IX, en 1565 ; par les transactions passées avec les Sieurs du Clergé, & les Magistrats de ladite Ville, és années 1533, & 1550, & par les Arrêts du Parlement de Dijon du 10 Août 1525, & du Conseil d'Etat des années 1663, & 1664 ; il a été ordonné que les Officiers du Parlement, Chambre des Comptes, du Tré-

H

sor, & autres Officiers Privilégiés, payeroient la moitié, lesdits Sieurs du Clergé un quart, & les autres Habitans de ladite Ville contribuables aux tailles, l'autre quart, des frais & dépens qu'il conviendroit faire pour la construction & l'entretien des murailles de l'enceinte de ladite Ville, des Tours, Portes, Corps de garde, & autres Fortifications, des affus de canons, achats de poudres, plomb, mêches, & généralement toutes autres munitions de guerres & de bouche, pour faire des Magasins; pour les gages des Capitaine & Lieutenant desdites murailles, des Portiers, Tambours, Sergens de bande, Voyers, de celui qui sonne la guette, des frais de peste, de la nourriture des pauvres, gages des Medecins qui les traitent, des réparations des Hôpitaux, Maison de l'Isle, de l'honoraire du Prédicateur de l'Avent & du Carême, des pensions des Régens du College des Pères Jésuites de ladite Ville, des frais des entrées des Rois, & des Sieurs Gouverneurs, qui consistent en achats de Drapeaux, d'un Dais, payement des Tambours, Fiffres, presents & voyages pour aller à leur rencontre, de l'entretien des ponts, planches, écluses, & bâteaux des riviéres, du pavé, & avenuës de ladite Ville, & pour le nétoyement des bouës, & généralement de tous autres dépens communs; laquelle cotte du quart desdits frais étant à la charge desdits Sieurs du Clergé, qui ont continué de payer jusques à present; lesdits Sieurs du Clergé faisoient le régalement sur eux, & le payement par une seule main au Receveur des Deniers communs de ladite Ville; néanmoins lesdits Sieurs du Clergé qui sont plus puissans qu'ils n'ont jamais été, & qui occupent plus du quart de ladite Ville, qui y ont de grands biens & revenus, la plus grande partie des Maisons leur étant censable, & qui est plus nombreux qu'il n'étoit autrefois, étant augmenté depuis soixante ans, de huit Couvens & Monasteres trés-riches, qui font tous les jours de trés-notables acquisitions, font refus de payer le quart du prix qui a été convenu pour le nétoyement de ladite Ville, ce qui en retarde l'éxécution, & voudroient encore réduire leurs cottes desdits autres dépens communs, à l'exception des frais de peste & nourriture des pauvres dont ils offrent le quart, & les rejetter sur le Peuple, quoiqu'ils n'en puissent ignorer la pauvreté, & qu'ils sçachent bien qu'il est dans un dernier accablement par les Impositions, payement de ses dettes & des octrois fréquents, passages, séjours des Troupes; & quoique les Assemblées qu'on faisoit, tant au sujet desdits dépens, qu'autres affaires qui concernoient le général & tous les Corps de ladite Ville, se fissent en l'Hôtel de Ville, ausquelles Assemblées les Vicomtes-Mayeurs ont toûjours présidé, comme il se reconnoît par les actes des 26 Avril 1493, 20 Mai 1529, 20 Juin 1531, 6 Juillet 1550, 6 Septembre 1556, 26 Novembre 1575, 20 Mars 1581, 20 Mai 1595, 6 Juin 1630, Mars 1661, & autres jours raportés dans les Régistres de la Chambre de Ville; ausquelles Assemblées les Officiers du Parlement, Chambre des Comptes, & autres Compagnies envoyoient leurs Députés, conformément aux Lettres Patentes d'Henri III. du 3 Août 1577; prenoient leurs cottes desdits dépens, & en faisoient le régalement sur leurs Compagnies, & le payement par une seule main: néanmoins depuis peu d'années, quelques remontrances qu'ayent pû faire lesdits Supliants, lesdites Assemblées ont été tenuës au Parlement, & les Magistrats de ladite Ville ayant été obligés de s'y trouver par la necessité des affaires, n'auroient pas laissé de se maintenir dans le droit de convoquer, & de tenir lesdites Assemblées dans l'Hôtel de Ville, par les protestations qu'ils ont faites de se

H ij

pourvoir pour faire ordonner que lesdites Assemblées
se tiendroient comme du passé dans ledit Hôtel de Ville
à la maniére accoutumée ; étant important de maintenir cet ordre, le droit & autorité du Magistrat,
& de ne pas rejetter les cottes des plus aisés sur les
plus pauvres. Requeroient à ces causes qu'il plût à
Sa Majesté conformément ausdits Réglemens, Transactions, & Arrêts dudit Conseil, ordonner que les
Officiers du Parlement, Chambre des Comptes, Trésor, & autres Privilegiez, payeront la moitié du prix
qui a été convenu pour le nétoyement de ladite Ville,
des dépens ci-dessus raportés, & autres qui concerneront le général & tous les Corps ; que lesdits du
Clergé payeront un quart dudit nétoyement, & autres dépens ; & les Habitans contribuables aux tailles,
l'autre quart dudit nétoyement & autres dépens communs ; que les Officiers du Parlement, Chambre des
Comptes, Trésor, & le Clergé feront le régalement
chacun sur leurs Corps & Compagnies de leurs cot-
tes-parts desdits frais, & le payement chacun par une
seule main au Receveur commun des deniers de ladite
Ville, & qu'à l'avenir les Assemblées qu'on fera tant
au sujet desdits dépenses, que des autres affaires qui
concerneront le général & tous les Corps de ladite
Ville, seront convoquées & faites audit Hôtel de Ville
à la maniére accoûtumée : à quoi étant nécessaire de
pourvoir. Oüi le Raport du Sieur Colbert Conseiller
du Roi en tous ses Conseils, & Controlleur Général
des Finances ; tout consideré. LE ROI ETANT
EN SON CONSEIL, a renvoyé & renvoye la
Requête desdits Vicomte-Mayeur, Echevins, & Procureur Syndic de la Ville de Dijon, aux Sieurs Commissaires députés par Sa Majesté pour la vérification
des dettes des Villes & Communautés de la Province de Bourgogne, pour lesdits Eccesiastiques oüis,

ensemble les Officiers dudit Parlement, Chambre des Comptes, Bureau des Tréforiers de France, & autres qu'il apartiendra, lesquels à cet effet feront affignés pardevant lesdits Sieurs Commiffaires, être par eux donné leur Avis à Sa Majefté, & par elle ordonné ce que de raifon; & ce qui fera par eux ordonné, fera exécuté, nonobftant opofitions, apellations, & autres empêchemens quelconques, pour lefquels ne fera differé, & dont fi aucuns interviennent, Sa Majefté s'en eft réfervé la connoiffance, & à fon Confeil, & icelle interdite à tous fes autres Cours & Juges. FAIT au Confeil d'Etat du Roi, Sa Majefté y étant, tenu à Saint Germain en Laye le 20 jour de Janvier mil fix cens foixante & dix-fept. *Signé*, PHELYPEAUX.

LOUIS, par la grace de Dieu, Roi de France & de Navarre, à nôtre trés-cher, & trés-Amé Coufin le Duc d'Enguien, Prince de nôtre Sang, Gouverneur, & Lieutenant Général pour Nous en nos Provinces de Bourgogne & Breffe; & à nôtre amé & féal, Confeiller ordinaire en tous nos Confeils, Maître des Requêtes Honoraire de nôtre Hôtel, Intendant de Juftice, Police & Finances en nos Provinces de Bourgogne & Breffe, le Sieur Bouchu. SALUT: Nous vous mandons, & ordonnons par ces Prefentes fignées de nôtre main, chacun endroit foi, de tenir la main à l'exécution de l'Arrêt, dont l'Extrait eft ci-attaché fous le Contre-fcel de nôtre Chancellerie, ce jourd'hui donné en nôtre Confeil d'Etat, Nous y étant, fur la Requête des Vicomte-Maycur, Echevins, & Procureur Syndic de la Ville de Dijon, par lequel Nous vous aurions renvoyé ladite Requête pour les Ecclefiaftiques de ladite Ville de Dijon, enfemble les Officiers du Parlement, Chambre des Comptes, Bureau des Tréforiers de France, & autres qu'il apartiendra oüis, Nous être donné vôtre Avis sur les choses y contenuës ; commandons au premier Huissier ou Sergent sur ce requis, faire tous exploits de signification, commandement, & autres nécessaires, sans autre permission, ni Pareatis, nonobstant opositions, apellations & autres empêchemens quelconques, pour lesquels ne sera differé, & dont si aucuns interviennent, Nous nous en réservons la connoissance, & à nôtre Conseil, & icelle interdisons à toutes nos autres Cours & Juges. CAR tel est nôtre plaisir. Donné à S. Germain en Laye le 20 jour de Janvier l'an de grace mil six cens soixante & dix-sept, & de nôtre Regne le trente-quatriéme. Signé, Par le Roi, PHELYPEAUX.

ARREST DU CONSEIL D'ETAT en execution de celui de 1668.

Portant deffenses aux Villes & Communautez, de députer les Maires, Echevins ou Consuls en Charge.

LE Roi s'étant fait representer l'Arrêt rendu en son Conseil le 18 Juin 1668, par lequel Sa Majesté a ordonné qu'il ne sera fait à l'avenir aucune députation par les Villes & Communautez, que préalablement les Maires & Echevins ou Consuls n'en ayent fait connoître les raisons & le besoin aux Commissaires départis dans les Provinces pour l'execution des ses ordres, & eu sur ce leur Avis ; & les Maires, Echevins ou Consuls en Charge ne pourront être députez, avec deffenses à eux d'accepter lesdites députations, si ce n'est en déclarant sur le Régistre du Greffe desdites Villes & Communautez, qu'ils ne prétendent aucune chose pour leurs voyages & séjours, & au cas qu'il leur soit payé aucuns deniers, qu'ils seront contraints à la restitution au profit desdites Villes & Communautez ; & Sa Majesté étant informée qu'au préjudice dudit Arrêt, lesdites Villes & Communautez des Provinces du Royaume ne laissent pas de députer tous les jours de leur chef, sans la participation des Commissaires départis esdites Provinces, pour des causes fort légeres, les Maires, Echevins ou Consuls en Charge, qui se font nommer pour lesdites députations, & se font taxer des sommes considerables pour les frais de leurs voyages, & des longs séjours qu'ils font le plus ordinairement pour leurs affaires particulieres, dont lesdites Villes & Communautez se trouvent par la suite grandement surchargées & endettées, ce qui cause leur ruine & les mettroit tout à fait dans l'impuissance de payer la taille & les autres charges, dont elles doivent secourir l'Etat dans le tems present de la guerre, s'il n'y étoit promtement remedié : àquoi voulant pourvoir : oüi le Raport du Sieur Colbert Conseiller ordinaire au Conseil Royal, Contrôleur Général des Finances ; SA MAJESTE' EN SON CONSEIL, a ordonné & ordonne que l'Arrêt du 18 Juin 1668, sera executé selon sa forme & teneur ; & en conséquence, fait Sa Majesté tres-expresses inhibitions & deffenses à tous Habitans des Villes & Communautez, de faire à l'avenir aucune députation pour quelques affaires, causes & occasions que ce soit, que les Maires & Echevins ou Consuls n'en ayent préalablement fait connoître les raisons & le besoin aux Intendans & Commissaires départis par Sa Majesté dans les Provinces pour l'execution de ses ordres, & eu sur ce leur Avis & consentement par écrit, à peine contre lesdits Maires & Echevins ou Consuls, & principaux Habitans qui auroient part ausdites députations, de répondre en leurs propres & privez noms des dettes qui seront créées pour les frais d'icelles sur lesdites Villes & Communautez ; & en cas que lesdites députations soient estimées nécessaires, Sadite Majesté veut & ordonne que lesdites Villes & Communautés puissent nommer, & députer ceux qu'elles jugeront propres à cet effet, autres toutes fois que les Maires, Echevins ou Consuls en Charge, ausquels elle fait défenses d'accepter lesdites députations, si ce n'est aux conditions portées par le Jugement du 18 Juin 1668 ; Enjoint Sa Majesté aux Sieurs Intendants & Commissaires départis, de tenir la main à l'exécution du present Arrêt, & icelui faire lire, publier & afficher par tout où besoin sera, à ce qu'aucun n'en prétende cause d'ignorance. Fait au Conseil d'Etat du Roi le 2 Avril 1678. *Signé* COCQUILLE.

LOUIS, par la grace de Dieu, Roi de France & de Navarre, Dauphin de Viennois, Comte de Valentinois & Diois, Provence, Forcalquier & Terres adjaçantes: aux Sieurs Commissaires départis pour l'exécution de nos ordres dans les Provinces & Généralités de nôtre Royaume, SALUT : Par l'Arrêt dont l'extrait est ci attaché sous le Contre-scel de nôtre Chancellerie, ce jourd'hui donné en nôtre Conseil d'Etat, Nous avons fait défenses à tous Habitans des Villes & Communautés de faire à l'avenir aucune députation pour quelque affaire, cause & occasion que ce soit, que les Maires, Echevins ou Consuls ne vous en aient fait connoître les raisons, & le besoin, sur les peines y exprimées ; & en cas que lesd. députations soient jugées nécessaires, avons ordonné que lesdites Villes & Communautés puissent nommer & députer ceux qu'ils jugeront propres à cet effet ; autres toutefois que les Maires, Echevins ou Consuls en Charge, ausquels Nous

avons

avons aussi fait défenses d'accepter lesdites députations, si ce n'est aux conditions portées par l'Arrêt de nôtre Conseil du 18 Juin 1668 y énoncées: A ces causes, Nous vous mandons & enjoignons de tenir chacun endroit soi la main à l'execution dudit Arrêt, & icelui faire lire, publier & afficher par tout où besoin sera : Commandons au premier nôtre Huissier ou Sergent sur ce requis de le signifier à tous qu'il apartiendra, à ce qu'ils n'en ignorent, & de faire pour son entiere execution & dudit Arrêt du 18 Juin 1668, toutes significations, défenses y contenuës, sur les peines y portées, & autres actes & exploits requis & necessaires, sans autre permission, nonobstant Clameur de Haro, Chartre Normande, & autres actes à ce contraires : Voulons qu'aux copies dudit Arrêt & des presentes collationnées par l'un de nos amez & feaux Conseillers & Secretaires, foi soit ajoutée comme aux originaux; Car tel est nôtre plaisir. Donne' à Paris le deuxiéme jour d'Avril l'an de grace 1678, & de nôtre Regne le trente-cinquiéme. *Signé*, Par le Roi Dauphin, Comte de Provence, en son Conseil, Coquille. Et scellé en cire rouge.

LE SIEUR BOUCHU, CHEVALIER, Conseiller ordinaire du Roi en tous ses Conseils, Maître des Requêtes Honoraire de son Hôtel, Intendant de Justice, Police & Finances en Bourgogne & Bresse, Commissaire départi par Sa Majesté pour l'execution de ses ordres dans lesdites Provinces.

VEU l'Arrêt du Conseil d'Etat du Roi du 2 du present mois, & Commission sur icelui à Nous adressante, & dont copie est ci-dessus : NOUS ordonnons qu'il sera executé selon sa forme & teneur ; & à cet effet enregistré dans les Maisons Communes des Villes, Bourgs, & Communautez de nôtre Département ; lû, publié & affiché dans tous les Carrefours & aux Prônes des Paroisses, à la diligence des Maires, Echevins & Syndics, à ce que personne n'en prétende cause d'ignorance, & dont ils nous justifieront dans quinzaine, à telles peines que de raison. FAIT à Dijon le 28 Avril 1678. *Signé*, BOUCHU : *Et plus bas*, Par Monseigneur, COTTIN.

COMMISSION

POUR MONSIEUR DE HARLAY, afin de continuer la Vérification des Dettes.

LOUIS par la grace de Dieu, Roi de France & de Navarre : à nôtre amé & féal Conseiller en nos Conseils, Maître des Requêtes ordinaire de nôtre Hôtel, Intendant de Justice, Police & Finances en nos Provinces de Bourgogne & Bresse, le Sieur de Harlay de Bonneüil. SALUT : Nous aurions pour les causes & considerations contenuës en nos Lettres Patentes du trentiéme Mars mil six cens septante-un, nommé & député nôtre tres-cher & bien amé Cousin le Duc d'Enguien, Prince de nôtre Sang, Pair & Grand-Maître de France, Gouverneur & nôtre Lieutenant General en nosdites Provinces de Bourgogne & Bresse, & nôtre amé & féal Conseiller ordinaire en nos Conseils, Maître des Requêtes Honoraire de nôtre Hôtel, Intendant de Justice, Police & Finances en icelles le Sieur Bouchu ; pour procéder au parachevement de la Commission de la vérification des dettes des Communautés de ladite Province de Bourgogne, payement d'icelles & autres choses contenuës esdites Lettres : mais le décés dudit Sieur Bouchu depuis peu survenu nous mettant en nécessité d'y pourvoir. A CES CAUSES, & autres considerations à ce Nous mouvans, Nous vous avons commis, ordonné & député, & par ces Presentes signées de nôtre main, commettons, ordonnons & députons pour procéder au parachevement de ladite Commission, avec nôtredit Cousin le Duc d'Enguien, comme auroit fait ledit Sieur Bouchu, & en conséquence faire la liquidation des dettes desdites Communautés qui restent à vérifier ; régler les moyens de faire les payemens des sommes liquidées ; soit par impositions sur les contribuables, par forme de dîmes & ventes des communaux en fond ou superficie, aliénation d'iceux pour un tems, faire les baux à ferme des droits & impositions qui seront établis pour faire lesdits payemens, décerner toutes contraintes contre les refusans de payer lesdits droits, pourvoir au payement des réparations à faire aux Eglises, maisons Curiales & autres desdites Communautés, avances, & autres dépenses & dettes generalement quelconques, tant pour le passé que pour l'avenir, & ainsi & par les moyens qui seront par vous jugez les moins à la foule desdites Communautés ; juger & décider tous procés tant civils que criminels ; même connoître des cas de séditions & émotions qui pourroient arriver pour raison de ce ; procéder en outre à la révision des comptes desdites Communautés, en juger tous les differends, circonstances & dépendances ; faire & executer toutes les autres choses contenuës en nos Lettres Patentes du 27 Octobre 1662, 22 Septembre 1665, 11 Juin 1668, & 30 Mars 1671, & aux Arrêts du Conseil rendus en conséquence : Vous donnant pouvoir de subdéléguer, aprouvant & validant generalement tout ce qui a été fait jusqu'à present, & qui le sera ci-aprés par vousdit Sieur de Harlay conjointement avec nôtredit Cousin le Duc d'Enguien, & par vous seul en son absence, nonobstant ce qui est porté par nosdites Lettres

I ij

Patentes du 27 Octobre 1662, auſquelles Nous avons dérogé & dérogeons pour ce regard : Voulons au ſurplus que vous teniez la main à l'execution de tous les Arrêts rendus en nôtre Conſeil, portant Réglement pour la liquidation de toutes les dettes & charges, réparations, embelliſſements & autres affaires generalement quelconques des Villes, Bourgs & Communautés de nôtredite Province de Bourgogne, conjointement avec nôtredit Couſin le Duc d'Enguien, & par vous ſeul en ſon abſence, & que tout ce qui ſera par vous ordonné comme auroit fait ledit Sieur Bouchu, en vertu des pouvoirs énoncés en noſdites Lettres, & des Arrêts de nôtre Conſeil rendus pour ce regard, circonſtances & dépendances, ſoit executé nonobſtant opoſitions, apellations ou autres empêchemens generalement quelconques, & ſans préjudice d'iceux, vous attribuant à cet effet toutes Cours, pouvoir, autorité, Juriſdiction & connoiſſance, & icelle interdiſons à toutes nos autres Cours & Juges. Mandons au premier nôtre Huiſſier ou Sergent ſur ce requis, faire pour l'entiere execution des Preſentes, & des Jugemens & Ordonnances qui ſeront par vous rendus, tous Exploits de commandemens, ſommations, contraintes & autres actes & Exploits néceſſaires, ſans autre permiſſion, de ce faire lui donnons pouvoir : CAR tel eſt nôtre plaiſir. Donné à Fontainebleau, le ſeptiéme jour d'Août l'an de grace 1683, & de nôtre Regne le quarante-uniéme. *Signé*, LOUIS : *& plus bas*, Par le Roi, PHELYPEAUX.

ARREST DU CONSEIL D'ETAT,

CONCERNANT LA LIQUIDATION DES Dettes des Communautez.

LE Roi ayant fait travailler avec beaucoup d'aplication à la vérification & liquidation des dettes dûës par les Villes & Communautés, par les Sieurs Intendans & Commissaires départis pour l'execution de ses ordres dans les Provinces & Generalités du Royaume, & autres Commis à cet effet par Sa Majesté ; ensorte que la plus grande partie des dettes qui étoient trés-considerables, se trouvent presque acquittées. Et Sa Majesté étant informée qu'aucuns Créanciers qui ont reçû le remboursement de ce qui leur étoit dû en tout ou partie, viennent de nouveau demander le payement de leurs créances, & par l'intelligence qu'ils pratiquent avec les Officiers desdites Villes & Communautés, recelent & cachent les quittances, comptes & autres piéces qui pourroient servir à découvrir cette fraude ; à quoi étant nécessaire de pourvoir : oüi le Raport du Sieur le Pelletier Conseiller ordinaire au Conseil Royal, Controlleur General des Finances : SA MAJESTE' EN SON CONSEIL a ordonné & ordonne, que les Créanciers ou autres étant en leurs droits, qui feront aucunes demandes aux Communautés des dettes & autres choses à eux dûës, dont ils auront été remboursés suivant les Arrêts de liquidation, & qui auront été passées en la dépense des comptes qui ont été rendus des revenus & affaires des Communautés ausquelles la demande en sera faite, seront condamnés à la peine du quatruple au profit desdites Communautés, par les Sieurs Intendants & Commissaires départis dans les Provinces & Generalités du

Royaume; & contraints au payement comme pour les deniers & affaires de Sa Majesté, sans que ladite peine puisse être réduite ni moderée pour quelque cause & occasion que ce soit : & sera le present Arrêt régistré és Régistres des Hôtels de Ville, & lû, publié & affiché par tout où besoin sera, à ce qu'aucun n'en ignore : Enjoint Sa Majesté ausdits Sieurs Intendants & Commissaires départis, de tenir la main à son execution. FAIT au Conseil d'Etat du Roi, tenu à Versailles le quatorziéme jour d'Avril 1685. *Signé*, COQUILLE.

LOUIS par la grace de Dieu Roi de France & de Navarre, Dauphin de Viennois, Comte de Valentinois & de Diois, Provence, Forcalquier & Terres ajacentes : aux Sieurs Commissaires par Nous départis pour l'execution de nos ordres dans les Provinces & Generalités de nôtre Royaume : SALUT. Nous vous mandons & enjoignons de tenir chacun à vôtre égard, la main à l'execution de l'Arrêt dont l'Extrait est ci-attaché sous le Contrescel de nôtre Chancellerie, ce jourd'hui donné en nôtre Conseil d'Etat; que Nous voulons être régistré és Régistres des Hôtels de Ville, lû, publié & affiché par tout où besoin sera. Commandons au premier nôtre Huissier ou Sergent sur ce requis, de le signifier à tous qu'il apartiendra, à ce qu'ils n'en ignorent, & de faire pour son entiere execution, & payement de la peine du quatruple à laquelle vous aurés condamnés, au cas y porté, les Créanciers des Villes & Communautés, ou autres étant en leurs droits, qui feront aucunes demandes ausdites Communautés de dettes & autres choses dont ils auront été remboursés, comme il est porté audit Arrêt, tous commandemens, sommations, contraintes par les voyes y déclarées, & autres actes & Exploits nécessaires, nonobstant Clameur de Haro, Chartre Normande & Lettres à ce contraires : & sera ajoûté foi, comme aux originaux, aux copies dudit Arrêt & des Presentes collationnées par l'un de nos amés & féaux Conseillers & Secretaires, CAR tel est nôtre plaisir. DONNE' à Versailles le quatorziéme jour d'Avril l'an de grace 1685, & de nôtre Regne le quarante-deuxiéme. *Signé*, Par le Roi Dauphin, Comte de Provence, en son Conseil, COQUILLE: & scellé.

LE DUC D'ENGUIEN PRINCE DU SANG, Pair & Grand Maître de France, Gouverneur & Lieutenant General pour le Roi en ses Provinces de Bourgogne & Bresse.

ET LE SIEUR DE HARLAY, CHEVALIER, Seigneur de Bonneüil, Conseiller du Roi en ses Conseils, Maître des Requêtes ordinaire de son Hôtel, Intendant de Justice, Police & Finances esdites Provinces; Commissaires députez par Sa Majesté pour la Verification des Dettes des Communautés de Bourgogne.

VEU l'Arrêt du Conseil d'Etat du Roi du 14 d'Avril 1685, & Commission sur icelui, dont copie est ci-dessus.

NOUS ORDONNONS qu'il sera executé selon sa forme & teneur, & à cet effet, publié & affiché par tout où besoin sera, à la diligence des Maires, Echevins & Syndics des Villes & Communantés de ladite Province de Bourgogne, à ce qu'aucun n'en prétende cause d'ignorance. FAIT à Dijon le 26 Mai 1685. *Signé*, DE HARLAY, *& plus bas*, Par Messeigneurs, RIGOLEY.

ARREST DU CONSEIIL D'ETAT.

QUI commet M. le Duc & Mr. de Harlay pour régler les differends pour l'entrée aux Etats.

LE Roi ayant été informé qu'il y a plusieurs differends pour l'entrée, les rangs & scéances aux Etats de la Province de Bourgogne: & Sa Majesté désirant les terminer par un Réglement, afin d'éviter les inconvéniens qui en pourroient arriver. SA MAJESTE' ETANT EN SON CONSEIL, a commis & commet Monsieur le Duc d'Enguien Gouverneur & son Lieutenant General en Bourgogne & Bresse, & le Sieur de Harlay Bonneüil, Conseiller ordinaire en ses Conseils, & Intendant de Justice dans lesdites Provinces, pour prendre connoissance desdits differends, circonstances & dépendances, en dresser Procés verbal, & icelui envoyer à Sa Majesté avec leurs Avis séparément, afin d'y être ensuite par elle pourvû ainsi qu'il apartiendra. FAIT au Conseil d'Etat du Roi, Sa Majesté y étant, tenu à Versailles le vingt-neuviéme jour d'Avril 1686. *Signé*, PHELYPEAUX.

LOUIS par la grace de Dieu, Roi de France & de Navarre: à Nôtre trés-cher & trés-amé Cousin le Duc d'Enguien, Prince de nôtre Sang, Gouverneur & Lieutenant General en nos Provinces de Bourgogne & Bresse, & à nôtre amé & féal Conseiller ordinaire en nos Conseils, le Sieur de Harlay Bonneüil, Intendant de Justice en nosdites Provinces, SALUT. Par l'Arrêt ci-attaché sous le Contrescel de nôtre Chancellerie, ce jourd'hui donné en nôtre Conseil d'Etat, Nous y étant, Nous avons commis pour connoître des differends qu'il y a pour l'entrée,

les

les rangs & féances aux Etats de ladite Province de Bourgogne, circonftances & dépendances, en dreffer Procés verbal, & nous l'envoyer, avec vos Avis féparément, pour y être par Nous pourvû ainfi qu'il apartiendra. A CES CAUSES, Nous vous mandons & ordonnons par ces Prefentes fignées de nôtre main, d'executer ledit Arrêt, de ce faire vous donnons pouvoir, commiffion & mandement fpécial : Commandons au premier nôtre Huiffier ou Sergent fur ce requis de faire pour l'entiere execution dudit Arrêt, & de ce que Nous ordonnons en conféquence, tous Exploits & actes de Juftice que befoin fera, fans pour ce demander autre permiffion. CAR tel eft nôtre plaifir. DONNE' à Verfailles le vingt-neuviéme jour d'Avril l'an de grace 1686, & de nôtre Regne le quarante-troifiéme Signé, LOUIS; & plus bas, Par le Roi, PHELYPEAUX.

ORDONNANCE

QUI enjoint aux Collecteurs & Receveurs des Villes & Bourgs de rendre leurs comptes inceffamment.

HENRI-JULES DE BOURBON, PRINCE de Condé, Prince du Sang, Pair & Grand Maître de France, Gouverneur & Lieutenant Général pour le Roi en fes Provinces de Bourgogne & Breffe.

ET LE SIEUR D'ARGOUGES, CHEVALIER, CONSEILLER *du Roi en fes Confeils, Maître des Requêtes ordinaire de fon Hôtel, Intendant de Juftice, Police & Finances efdites Provinces ; Commiffaires députez par Sa Majefté pour la Vérification des Dettes des Communautez de ladite Province de Bourgogne.*

VEU nos Ordonnances ci-devant rendües, notamment celle du 4 Juin 1686, concernant les comptes des

Villes & Bourgs de cette Province, NOUS ordonnons qu'elles feront executées felon leur forme & teneur; ce faifant que les Collecteurs, Receveurs ou autres qui ont eu le maniment des deniers defdites Villes ou Bourgs, & qui n'en ont pas compté, feront tenus de le faire inceffamment & au plûtard dans le premier du mois de Décembre prochain, à la diligence des Magiftrats defdites Villes & Bourgs, à quoi ils feront contraints par toutes voies dûës & raifonnables, même par corps; & feront tous les articles defdits comptes libellez & circonftanciez, tant en recette que dépenfe; & iceux rendus en l'Hôtel defdites Villes ou Bourgs, pardevant les Magiftrats & huit Notables Habitans qui feront nommez dans une Affemblée générale faite à ce fujet; lefquels Magiftrats & Notables auront voix délibérative, & procéderont à l'audition & examen defdits comptes en la Chambre de Ville, toutes les portes ouvertes, avec faculté à tous les Habitans d'y affifter, fi bon leur femble, & de donner tous contredits, & faire telles remontrances qu'ils jugeront à propos, dont fera dreffé Procés verbal par lefdits Magiftrats, qu'ils feront tenus d'envoyer dans la fin dudit mois de Décembre, avec un double defdits comptes, au Greffe de nôtre Commiffion, à peine de cent livres d'amende, & d'en répondre en leurs propres & privez noms; à l'audition defquels comptes les Juges & Officiers des lieux pouront affifter, fi bon leur femble, fans frais; ce qui fera obfervé pour les années fuivantes, à la forme, dans le même tems, & aux peines que deffus. Et à l'égard des comptes des années précédentes qui ont été rendus, il en fera envoyé des doubles au Greffe de nôtredite Commiffion dans ledit mois de Décembre prochain, à la diligence defdits Magiftrats, aux peines que deffus, avec un état exact & fidéle de ce que peuvent devoir lefdites Villes & Bourgs, tant par lefdits comptes qu'autrement, pour aprés le tout par Nous vû & examiné, y être pourvû ainfi qu'il apartiendra par raifon; & faute par les Magiftrats prefentement en

Charge, & ceux à l'avenir de satisfaire à tout ce que dessus, tant pour la reddition desdits comptes, qu'envoi d'iceux au Greffe de nôtre Commission, ils en demeureront responsables comme dit est, & condamnez en ladite somme de cent livres d'amende. Et afin qu'aucun n'ignore nôtre presente Ordonnance, elle sera publiée aux Prônes des Eglises Paroissiales desdites Villes ou Bourgs, enregistrée aux Régistres de l'Hôtel commun, & affichée par tout où besoin sera. FAIT à Dijon le 17 Juin 1690. *Signé*, D'ARGOUGES; *& plus bas*, Par Mesdits Seigneurs. RIGOLEY.

COMMISSION
A MONSIEUR FERRAND, POUR proceder au parachevement de la Vérification des Dettes.

LOUIS par la grace de Dieu, Roi de France & de Navarre : A nôtre amé & féal Conseiller en nos Conseils, Maître des Requêtes ordinaire de nôtre Hôtel, le Sieur Ferrand Intendant de Justice, Police & Finances en nos Provinces de Bourgogne & Bresse, SALUT. Nous aurions par nos Lettres Patentes du 21 Fevrier 1689, nommé & député nôtre tres-cher & bien amé Cousin le Prince de Condé, Prince de nôtre Sang, Pair & Grand Maître de France, Gouverneur & nôtre Lieutenant General en nosdites Provinces de Bourgogne & Bresse ; & nôtre amé & féal Conseiller en nos Conseils, Maître des Requêtes ordinaire de nôtre Hôtel le Sieur d'Argouges, pour lors Intendant de Justice, Police & Finances en icelles, pour proceder au parachevement de la Commission de la vérification des dettes des Communautez de ladite Province de Bourgogne, payement d'icelles, & autres choses contenuës eſdites Lettres : Mais comme Nous avons rapellé ledit Sieur d'Argouges auprés de Nous, il eſt néceſſaire d'y pourvoir : A CES CAUSES, Nous vous avons commis, ordonné & député, & par ces Preſentes ſignées de nôtre main, commettons, ordonnons & députons pour proceder au parachevement de ladite Commiſſion, avec nôtredit Couſin le Prince de Condé, comme auroit fait ledit Sieur d'Argouges, & en conſequence faire la liquidation des dettes deſdites Communautez qui reſtent à vérifier, régler les moyens de faire les payemens des ſommes liquidées, ſoit par impoſition ſur les contribuables, par forme de dîme, & vente des communaux en fonds ou ſuperficie, aliénation d'iceux pour un tems, faire les baux à ferme des droits & impoſitions qui ſeront établis pour faire leſdits payements, décerner toutes contraintes contre les refuſans de payer leſdits droits, pourvoir au payement des réparations à faire aux Egliſes, maiſons Curiales & autres deſdites Communautez, avances, & autres dépenſes & dettes généralement quelconques, tant pour le paſſé que pour l'avenir, ainſi & par les moyens qui ſeront pas vous jugez les moins à la foule deſdites Communautez, juger & décider tous procés tant civils que criminels, même connoître des cas de ſédition & émotion qui pouroient arriver pour raiſon de ce, proceder en outre à la réviſion des comptes deſdites Communautez, en juger tous les differends, circonſtances & dépendances, faire & executer toutes les autres choſes contenuës en nos Lettres Patentes des 27 Octobre 1662, 22 Septembre 1665, 11 Juin 1668, 30 Mars 1671, & 7 Aout 1683, & aux Arrêts de nôtre Conſeil rendus en conſequences aprouvant & validant généralement tout ce qui a été fait juſques à preſent, & qui le ſera ci-aprés par vous dit Sieur Ferrand, conjointement avec nôtredit Couſin le Prince de Condé, & par vous ſeul en ſon abſence, nonobſtant ce qui eſt porté par noſdites Lettres du 27 Octobre 1662, auſquelles Nous avons dérogé & dérogeons pour ce regard :

Voulons au surplus que vous examiniez les moyens les plus propres pour payer les charges ordinaires des Villes & Bourgs, autres que l'imposition ci-devant par Nous ordonnée, ausquels moyens les Ecclesiastiques & Privilégiez doivent contribuer, dont vous dresserez des Procés verbaux sur lesquels vous nous donnerez vos Avis; & que vous teniez la main à l'execution de tous les Arrêts rendus en nôtre Conseil, portant Réglement pour la liquidation de toutes les dettes & charges, réparations, embellissemens & autres affaires généralement quelconques des Villes, Bourgs & Communautez de nôtredite Province de Bourgogne, conjointement avec nôtredit Cousin le Prince de Condé, & par vous seul en son absence, & que tout ce qui sera par vous ordonné comme auroit fait ledit Sieur d'Argouges en vertu des Pouvoirs énoncez en nosdites Lettres, & des Arrêts de nôtre Conseil rendus pour ce regard, circonstances & dépendances, soit executé nonobstant opposition, apellation & autres empêchemens généralement quelconques, & sans préjudice d'icelles; vous attribuant à cet effet toute Cour, pouvoir, autorité, Jurisdiction & connoissance, & icelles interdisons & deffendons à toutes nos Cours & autres Juges. Mandons au premier nôtre Huissier ou Sergent sur ce requis de faire pour l'entiere execution des Presentes, & des Jugemens qui seront par vous rendus, tous Exploits de commandements, sommations, contraintes, & autres actes & Exploits nécessaires, sans demander autre permission; CAR tel est nôtre plaisir. DONNE' à Versailles le vingt-deuxiéme jour du mois de Fevrier l'an de grace 1694, & de nôtre Regne le cinquante-uniéme. *Signé*, LOUIS; & *plus bas*, Par le Roi, PHELYPEAUX. Vû au Conseil. *Signé*, PHELYPEAUX.

EXTRAIT DES REGISTRES
du Greffe de la Commission des Dettes du Duché de Bourgogne.

Extrait de l'Article 22 de l'Edit du Roi concernant la Jurisdiction Ecclesiastique, du mois d'Avril 1695, régistré au Parlement de Dijon le 19 Aout suivant.

SEront tenus pareillement les Habitans desdites Paroisses d'entretenir & de réparer la Nef des Eglises & la clôture des Cimetieres, & de fournir aux Curez un logement convenable; voulons à cet effet que les Archevêques & Evêques envoient à nôtre tres-cher & féal Chancelier, & aux Intendans & Commissaires départis dans nos Provinces pour l'execution de nos ordres, des extraits des Procés verbaux de leurs visites qu'ils auront dressé à cet égard. Enjoignons ausdits Intendans & Commissaires de faire visiter par des Experts lesdites réparations, d'en faire dresser des devis & estimations en leur presence ou de leurs Subdélégués, le plus promtement qu'il sera possible, les Maires, Syndics & Marguilliers apellés, & donner ordre que celles qui seront jugées nécessaires soient faites incessamment, & permettre même ausdits Habitans d'emprunter les sommes dont il sera besoin, le tout en la forme portée par nôtre Déclaration du mois d'Avril 1683.

ARREST DU CONSEIL,

QUI condamne les Ecclesiastiques de la Ville de Saulieu à payer la Taille négociale.

ENTRE les Doyen, Chanoines & Chapitre de l'Eglise Collégiale de S. Andoche de Saulieu, Demandeurs aux fins de la Commission par eux obtenuë au grand Sceau le 19 Avril 1693, & exploit d'assignation donnée en consequence le 29 desdits mois & an, d'une part.

Et les Maire & Echevins de la Ville de Saulieu, Deffendeurs, d'autre.

Et encore les Doyen, Chanoines & Chapitre S. Andoche de Saulieu, Demandeurs aux fins de la Requête verbale énoncée en l'Apointement par eux offert le 3 Juillet 1693, d'une part.

Et lesdits Maire & Echevins de Saulieu, Deffendeurs, d'autre.

Et entre lesdits Maire & Echevins, Demandeurs en garantie suivant & aux fins de l'acte & exploit libellé fait à leur Requête le 13 Novembre 1693, d'une part.

Et les Officiers du Grenier à Sel de ladite Ville, Deffendeurs, d'autre.

Et encore iceux Maire & Echevins, Demandeurs aux fins de leur Requête verbale énoncée en l'Ordonnance du Sieur Carré de Mongeron, Maître des Requêtes, Raporteur de l'instance, du 10 Novembre 1673, d'une part.

Et lesdits Officiers du Grenier à Sel de Saulieu, Deffendeurs, d'autre.

Et entre les Agents Généraux du Clergé de France, reçûs Parties intervenantes en la presente instance par l'Ordonnance étant au bas de la Requête par eux présentée au

Conseil le Fevrier 1693, signifiée le 10, & Demandeurs aux fins de ladite Requête, d'une part.

Et lesdits Maire & Echevins de la Ville de Saulieu.

Lesdits Doyen, Chanoines & Chapitre de l'Eglise Collégiale de S. Andoche de Saulieu.

Et lesdits Officiers du Grenier à Sel dudit lieu, Deffendeurs, d'autre.

Et aussi entre lesdits Doyen, Chanoines & Chapitre de l'Eglise Collegiale S. Andoche de Saulieu, Demandeurs en Requête du 9 Mars 1695, sur laquelle a été mis en jugeant, d'une part.

Et lesdits Maire & Echevins, & Officiers du Grenier à Sel de Saulieu, Deffendeurs, d'autre, sans que les qualitez des Parties leur puissent nuire ni préjudicier.

VEU au Conseil d'Etat du Roi l'Ordonnance des Sieurs Commissaires députez par Sa Majesté pour la vérification des dettes des Communautez de la Province de Bourgogne, du 21 Janvier 1693, dont est apel, intervenuë entre lesdits Officiers au Grenier à Sel de Saulieu, Demandeurs en Requête du 21 Septembre 1691, lesdits Maire & Echevins de Saulieu, Deffendeurs à ladite Requête, d'autre, par laquelle Ordonnance il est ordonné qu'à l'avenir tous les Habitans tenans & occupans maisons dans Saulieu seront compris dans la taille faite pour raison des ponts, portes, pavez, horloges, fontaines, nétoiement, fortifications, murs, embellissemens, & autres charges de Ville de cette qualité, soit qu'ils soient Nobles, exemts, Privilegiez, préferez, Ecclesiastiques, Religieux & autres sans aucune exception ; desquelles charges sera fait un Rôlle séparé où les Officiers du Grenier à Sel seront compris, lesdits Maire & Echevins en leurs qualitez condamnez au quart des dépens liquidez à vingt-huit livres, les autres compensez : ladite Commission du grand Sceau du 29 Avril 1693, obtenuë par lesdits Doyen, Chanoines & Chapitre de S. Andoche de Saulieu, par laquelle il leur auroit été permis de faire assigner

au

au Conseil lesdits Maire & Echevins, & Syndic de ladite Ville de Saulieu, pour proceder sur l'apel par lesdits Doyen, Chanoines & Chapitre interjetté de l'Ordonnance desdits Sieurs Commissaires, ce faisant, voir dire que sans avoir égard à la même Ordonnance, qui seroit annullée, lesdits Chanoines & Chapitre seroient déchargez de toutes impositions qui pouroient avoir été faites sur eux aux Rôlles des Tailles négociales de la Ville de Saulieu, à la restitution de ce qui pouroit avoir été exigé d'eux, les Echevins & Syndic contraints, quoi faisant déchargez, sauf à réimposer; leur faire deffenses de plus comprendre à l'avenir lesdits Doyen, Chanoines & Chapitre en semblables Rôlles, à peine de trois mille livres d'amende, & de répondre en leur propre & privé nom de la restitution, & de tous dépens, dommages & interêts, & qu'ils fussent aussi condamnez aux dépens : l'assignation donnée, &c. Le Sieur Carré de Mongeron Conseiller du Roi en ses Conseils, Maître des Requêtes ordinaire de son Hôtel, Commissaire à ce député; oüi son Raport, aprés en avoir communiqué aux Sieurs Bignon, de la Reynie, le Pelletier Intendant, de Ribeyre, de Breteüil, l'Abbé le Pelletier, de Saclay, de Fourcy, Phelypeaux, du Buisson, de Commartin, Chamillart, & d'Armenonville Conseillers d'Etat & Intendans des Finances, Commissaires à ce députez, & tout consideré.

LE ROI EN SON CONSEIL faisant droit sur l'instance, sans s'arrêter à l'intervention des Agens Generaux du Clergé, ni à l'apel des Chanoines & Chapitre de Saint Andoche de Saulieu, dont Sa Majesté les a debouté, a ordonné & ordonne que l'Ordonnance du Sieur d'Argouges Maître des Requêtes, du 21 Janvier 1693 sera executée selon sa forme & teneur; condamne lesdits Chanoines & Chapitre en tous les dépens de l'instance envers les Maire & Echevins & les Officiers du Grenier à Sel de Saulieu. FAIT au Conseil d'Etat du Roi le quatorziéme jour du mois de Fevrier 1696. Collationné. *Signé*, GOUJON.

DECLARATION DU ROI,

PORTANT deffenses aux Maires, Echevins, & Consuls des Communautés, d'intenter action, commencer Procés, ni faire aucune députation sans le consentement des Habitans, & la permission des Intendans.

LOUIS par la grace de Dieu Roi de France & de Navarre : A tous ceux qui ces Presentes verront, SALUT. Nous avons par nôtre Edit du mois d'Avril 1683, & par nôtre Déclaration du 2 Aout 1687, portant Réglement pour les dettes & instances des Communautés, & par plusieurs Arrêts du Conseil rendus en conséquence, fait défenses aux Maires, Echevins & Syndics desdites Communautés, d'intenter aucune action, ni de commencer aucuns Procés, tant en cause principale que d'apel, sans en avoir obtenu le consentement des Habitans dans une Assemblée générale, & sans que la Déliberation qui y aura été prise, soit confirmée & autorisée d'une permission par écrit des Sieurs Intendans ou Commissaires départis pour l'execution de nos ordres dans nos Provinces ; néanmoins Nous sommes informés qu'au préjudice d'une disposition si avantageuse aux Communautés, les Maires, Echevins, Syndics & autres qui sont chargés de l'administration des affaires desdites Communautés, abusant de leur pouvoir, les engagent tous les jours sous differents prétextes, sans observer les formalités requises par lesdits Edits, Déclarations & Arrêts, dans des Procés qui les consomment en frais, & qui sont toujours jugez aux dommages desdites Communautés, parce qu'ils sont entrepris sans aucun fondement légitime ; à quoi voulant pourvoir pour empêcher la ruine desdites Communautés, Nous avons crû qu'il étoit nécesfaire de renouveller les deffenses portées par lesdits Edit Déclarations & Arrêts, & de marquer les formalités qu'il sera nécessaire d'observer dans la conduite des affaires des Communautés, & les peines ausquelles ceux qui y contreviendront, seront sujets : A CES CAUSES & autres à ce Nous mouvants, de l'avis de nôtre Conseil, de nôtre certaine science, pleine puissance & autorité Royale ; Nous avons par ces presentes signées de nôtre main, dit & ordonné, statué, disons & ordonnons, statuons, voulons & Nous plaît, que les Maires, Echevins, Jurats, & Consuls des Communautés, & tous autres, ne puissent intenter aucune action, commencer aucun Procés, tant en cause principale que d'apel, ni faire aucune députation au nom des Communautés sous quelque prétexte que ce soit, sans en avoir obtenu le consentement des Habitans dans une Assemblée générale, convoquée & tenuë dans la forme prescrite par nos Ordonnances, dont l'acte de Délibération sera confirmé & autorisé d'une permission par écrit de l'Intendant ou Commissaire départi pour l'execution de nos ordres dans la Province ou Généralité, dans l'étenduë de laquelle ladite Communauté se trouvera située : voulons que les Maires, Echevins, Syndics, Jurats, Consuls & autres qui auront entrepris les Procés au nom des Communautés, sans être autorisés en la forme ci-dessus, soient condamnés en leurs propres & privés noms aux frais desdits Procés, sans esperance de repétition, sous quelque prétexte que ce soit, & aux dommages & interêts desdites Communautés : faisons deffenses aux Procureurs d'occuper pour les Communautés, & aux premiers Juges de rendre aucun Jugement sur les affaires qui concernent lesdites Communautés, qu'il ne leur soit aparu de la Délibération des Habitans, autorisée de la permission par écrit desdits Sieurs Intendans ou Commissaires départis, à peine de nullité des procédures & des Jugemén̄ts rendus en conséquence, & de répondre en leurs noms des dommages & interêts des Parties : SI DONNONS EN MANDEMENT

L ij

à nos amez & feaux les Gens tenant nôtre Cour de Parlement à Dijon, que ces Presentes ils ayent à faire lire, publier & régistrer, & le contenu en icelles, garder & obſerver de point en point ſelon leur forme & teneur, ſans y contrevenir, ni permettre qu'il y ſoit contrevenu en quelque ſorte & maniere que ce ſoit; CAR tel eſt nôtre plaiſir, en témoin dequoi Nous y avons fait mettre nôtre ſcel. DONNE' à Fontainebleau le deuxiéme jour d'Octobre l'an de grace 1703, & de nôtre Regne le ſoixante-uniéme. *Signé*, LOUIS: *Et plus bas*, Par le Roy, PHELYPEAUX. Vû au Conſeil, *Signé*, CHAMILLART.

Régiſtrée en Parlement à Dijon, les Chambres aſſemblées, le dix-ſeptiéme jour de Décembre 1703.

⚜⚜⚜⚜⚜⚜⚜⚜⚜⚜⚜⚜⚜⚜⚜⚜⚜⚜⚜⚜⚜

COMMISSION

A MONSIEUR PINON, POUR PROCEDER à la liquidation des Dettes des Communautez de Bourgogne.

LOUIS par la grace de Dieu, Roi de France & de Navarre: A nôtre amé & féal Conſeiller en nos Conſeils, Maître des Requêtes ordinaire de nôtre Hôtel, le Sieur Pinon Intendant de Juſtice, Police & Finances en nos Provinces de Bourgogne & Breſſe, SALUT. Nous aurions par nos Lettres Patentes du 22 Fevrier 1694, nommé & député nôtre tres-cher & bien amé Couſin le Prince de Condé, Prince de nôtre Sang, Pair & Grand Maître de France, Gouverneur & nôtre Lieutenant General en noſdites Provinces de Bourgogne & Breſſe; & nôtre amé & féal Conſeiller en nos Conſeils, Maître des Requêtes ordinaire de nôtre Hôtel le Sieur Ferrand, pour lors Intendant en icelles, pour proceder au parachevement de la Commiſſion de la vérification des dettes des Communautez de ladite Province de Bourgogne, payement d'icelles, & autres choſes contenuës eſdites Lettres : Mais comme Nous avons rapellé ledit Sieur Ferrand auprés de Nous, il eſt néceſſaire d'y pourvoir : A CES CAUSES, Nous vous avons commis, ordonné & député, & par ces Preſentes ſignées de nôtre main, commettons, ordonnons & députons, pour proceder au parachevement de ladite Commiſſion, avec nôtredit Couſin le Prince de Condé, comme auroit fait ledit Sieur Ferrand, & en conſequence faire la liquidation des dettes deſdites Communautez qui reſtent à vérifier, régler les moyens de faire les payemens des ſommes liquidées, ſoit par impoſition ſur les contribuables, par forme de dîme, & vente des communaux en fonds ou ſuperficie, aliénation d'iceux pour un tems, faire les baux à ferme des droits & impoſitions qui ſeront établis pour faire leſdits payements, décerner toutes contraintes contre les refuſans de payer leſdits droits, pourvoir au payement des réparations à faire aux Egliſes, maiſons Curiales & autres deſdites Communautez, avances, & autres dépenſes & dettes généralement quelconques, tant pour le paſſé que pour l'avenir, ainſi & par les moyens qui ſeront pas vous jugez les moins à la foule deſdites Communautez, juger & décider tous procés tant civils que criminels, même connoître des cas de ſédition & émotion qui pouroient arriver pour raiſon de ce, proceder en outre à la réviſion des comptes deſdites Communautez, en juger tous les differends, circonſtances & dépendances, faire & executer toutes les autres choſes contenuës en nos Lettres Patentes des 27 Octobre 1662, 22 Septembre 1665, 11 Juin 1668, 30 Mars 1671, & 7 Aout 1683, & aux Arrêts de nôtre Conſeil rendus en conſequence; aprouvant & validant généralement tout ce qui a été fait jusques à present, & qui le sera ci-aprés par vous dit Sieur Pinon, conjointement avec nôtredit Cousin le Prince de Condé, & par vous seul en son absence, nonobstant ce qui est porté par nosdites Lettres du 27 Octobre 1662, ausquelles Nous avons dérogé & dérogeons pour ce regard: Voulons au surplus que vous examiniez les moyens les plus propres pour payer les charges ordinaires des Villes & Bourgs, autres que l'imposition ci-devant par Nous ordonnée, ausquels moyens les Ecclesiastiques & Privilegiez doivent contribuer, dont vous dresserez des Procés verbaux sur lesquels vous nous donnerez vos Avis; & que vous teniez la main à l'execution de tous les Arrêts rendus en nôtre Conseil, portant Réglement pour la liquidation de toutes les dettes & charges, réparations, embellissements & autres affaires généralement quelconques des Villes, Bourgs & Communautez de nôtredite Province de Bourgogne, conjointement avec nôtredit Cousin le Prince de Condé, & par vous seul en son absence; & que tout ce qui sera par vous ordonné comme auroit fait ledit Sieur Ferrand en vertu des Pouvoirs énoncez en nosdites Lettres, & des Arrêts de nôtre Conseil rendus pour ce regard, circonstances & dépendances, soit executé nonobstant oposition, apellation & autres empêchemens généralement quelconques, & sans préjudice d'icelles; vous attribuant à cet effet toute Cour, pouvoir, autorité, Jurisdiction & connoissance, & icelles interdisons & deffendons à toutes nos Cours & autres Juges. Mandons au premier nôtre Huissier ou Sergent sur ce requis de faire pour l'entiere execution des Presentes, & des Jugemens qui seront par vous rendus, tous Exploits de commandements, sommations, contraintes, & autres actes & Exploits nécessaires, sans demander autre permission; CAR tel est nôtre plaisir. DONNE' à Versailles le dix-septiéme jour du mois de Novembre l'an de grace 1705, & de nôtre Regne le soixante-troisiéme. *Signé*, LOUIS; *& plus bas*, Par le Roi, PHELYPEAUX.

EXTRAIT DES REGISTRES DU CONSEIL d'Etat.

SUR la Requête presentée au Roi en son Conseil par Nicolas Devenet, Claude Desaulle & Consorts, Adjudicataire des Octrois de la Ville de Dijon; contenant, qu'ayant eu avis le 14 Décembre de l'année derniere, que le nommé Garnetot Boulanger de ladite Ville, qui avoit fait une déclaration dans leur Bureau pour une émine de bled, en avoit fait conduire au moulin une émine & demie, ils le firent suivre par leurs Commis, lesquels auroient découvert la fraude & saisi les farines provenant de ladite demie émine non-déclarée, au moment qu'elles furent conduites & déchargées dans sa maison; mais ayant voulu les faire enlever, ils en auroient été empêchés par ledit Garnetot qui se jetta sur eux avec d'autres personnes, & les maltraita, dont il fut dressé Procès verbal par un Substitut du Procureur Syndic de ladite Ville de Dijon, que les Supliants firent transporter sur les lieux; ledit Garnetot croyant éviter les peines qu'il avoit encouruës par ses violences, suposa qu'il avoit été maltraité, & donna sa plainte au Vicomte Mayeur de Dijon, aux fins qu'il lui fut permis de faire informer, ce qui lui fut accordé; les Supliants obtinrent une semblable permission; mais au lieu par ledit Garnetot de suivre sa procédure, il avoit interjetté apel de ladite permission au Parlement de Dijon : & comme la matiere n'étoit pas de la compétance dudit Parlement, mais bien des Commissaires députés pour la vérification des dettes des Communautés de la Province de Bourgogne, les Supliants leur donnerent leur Requête, sur laquelle ils auroient rendu une Ordonnance le 5 Janvier dernier, portant que les Parties procéderoient devant eux sur ledit apel, auquel effet ledit Garnetot seroit assigné, & les procédures criminelles portées à leur Greffe, avec défenses auſdites Parties de ſe pourvoir ailleurs : quoique cette Ordonnance ait été ſignifiée le 7 dudit mois de Junvier, ledit Garnetot n'a pas laiſſé de continuer ſes procédures au Parlement, & d'y faire rendre deux Arrêts par deffaut les 19 du même mois de Janvier, & 17 Fevrier ſuivant, par le dernier deſquels ledit Parlement auroit fait droit ſur ledit apel : & comme ces Arrêts ont été rendus par des Juges incompétants, puiſque la connoiſſance des contraventions & conteſtations qui pourroient ariver au ſujet de la levée & perception deſdits droits, a été attribuée par Arrêt du Conſeil du 23 Fevrier 1706, auſdits Commiſſaires députés pour la vérification des dettes de la Province de Bourgogne, & interdite à toutes Cours & Juges ; & que les violences commiſes par ledit Garnetot contre les Commis des Supliants, ſont une ſuite de ſa contravention, & en font partie. : A CES CAUSES requeroient leſdits Supliants qu'il plût à Sa Majeſté, ſans s'arrêter auſdits Arrêts du Parlement de Dijon des 19 Janvier & 17 Fevrier dernier, ni à tout ce qui s'en eſt enſuivi, qui ſera caſſé & annullé, ordonner que l'Ordonnance deſdits Commiſſaires députés pour la vérification des dettes de la Province de Bourgogne du 5 dudit mois de Janvier ſera executée, avec défenſes audit Garnetot de ſe pourvoir ailleurs, à peine de 500 livres d'amende, nullité des procédures, & de tous dépens, dommages & interêts : Vû ladite Requête, ledit Arrêt du Conſeil du 23 Fevrier 1706, l'Ordonnance des Commiſſaires députés pour la vérification des dettes des Communautés de la Province de Bourgogne, du 5 Janvier dernier, & les Arrêts du Parlement de Dijon, des 19 dudit mois de Janvier, & 17 Fevrier auſſi dernier : oüi le Raport du Sieur Deſmaretz, Conſeiller ordinaire au Conſeil Royal, Controlleur Général des Finances.

LE ROY EN SON CONSEIL, ayant égard à ladite Requête, ſans s'arrêter aux Arrêts du Parlement de Dijon, des 19 Janvier, & 17 Fevrier derniers, ni à tout

ce

ce qui s'en est enfuivi, que Sa Majesté a caffé & annullé, a ordonné & ordonne que l'Ordonnance des Commiffaires députés pour la vérification des dettes des Communautés de la Province de Bourgogne, du 5 dudit mois de Janvier, fera executée fuivant fa forme & teneur. FAIT au Confeil d'Etat du Roi, tenu à Verfailles le treiziéme jour de Mars 1708. Collationné, *Signé*, GOUJON.

COMMISSION

A MONSEIGNEUR LE DUC DE BOURBON.

LOUIS par la grace de Dieu, Roi de France & de Navarre : à Nôtre trés-cher & bien amé Fils le Duc d'Enguien, Prince de nôtre Sang, Pair & Grand Maître de France, Gouverneur & nôtre Lieutenant General en nos Provinces de Bourgogne & Bréffe, SALUT: Par nos Lettres Patentes du trentiéme Mars mil fix cens feptante-un, & dix-fept Novembre mil fept cens cinq, Nous aurions commis nôtre tres-cher & bien amé Coufin le Prince de Condé, & le Sieur Pinon Intendant & Commiffaire départi en nofdites Provinces, pour continuer de proceder à la Commiffion de la vérification des dettes des Communautés defdites Provinces de Bourgogne & Breffe, payement d'icelles & autres chofes contenuës en nofdites Lettres Patentes & Arrêt du Confeil : mais comme le décés de nôtre Coufin le Prince de Condé eft arrivé, il eft néceffaire d'y pourvoir. A CES CAUSES, Nous vous avons commis & député, & par ces Prefentes fignées de nôtre main, commettons & députons pour proceder à ladite Commiffion, comme auroit fait nôtredit Coufin le Prince de Condé, & en conféquence faire la liquidation des dettes defdites Communautés qui reftent à vérifier ; régler les moyens de faire les payemens des fommes liquidées, foit par impo-

M

fitions fur les contribuables, par forme de dîmes & ventes des communaux en fond ou superficie, aliénation d'iceux pour un tems, faire les baux à ferme des droits & impositions qui feront établis pour faire lesdits payemens, décerner toutes contraintes contre les refusans de payer lesdits droits, pourvoir au payement des réparations à faire aux Eglises, maisons Curiales & autres desdites Communautés, avances, & autres dépenses & dettes generalement quelconques, tant pour le passé que pour l'avenir, ainsi & par les moyens qui feront par vous jugez les moins à la foule desdites Communautés; juger & décider tous procés tant civils que criminels; même connoître des cas de séditions & émotions qui pourroient arriver pour raison de ce; procéder en outre à la révision des comptes desdites Communautés, en juger tous les differends, circonstances & dépendances; faire & executer toutes les autres choses contenuës en nos Lettres Patentes & Arrêts du Conseil des 27 Octobre 1662, 22 Septembre 1665, 11 Juin 1668, 30 Mars 1671, 7 Aout 1683, & 17 Novembre 1705, & aux Arrêts de nôtre Conseil rendus en conséquence, aprouvant & validant generalement tout ce qui a été fait jusqu'à present, & qui le sera ci-aprés par vous, conjointement avec ledit Sieur Pinon. Voulons que tout ce qui sera par vous ordonné, circonstances & dépendances, soit executé nonobstant oposition, apellation & autres empêchemens generalement quelconques, & sans préjudice d'iceux, vous attribuant à cet effet toutes Cours, pouvoir, autorité, Jurisdiction & connoissance, & icelle interdisons & deffendons à toutes nos Cours & autres Juges. Mandons au premier nôtre Huissier ou Sergent sur ce requis, de faire pour l'entiere execution des Presentes, & des Jugemens qui seront par vous rendus, tous Exploits de commandemens, sommations, contraintes & autres actes & Exploits nécessaires, sans demander autre permission : CAR tel est nôtre plaisir. DONNE' à Versailles le dixième jour de Septembre l'an de grace 1709, & de nôtre Regne le soixante-septième. *Signé*, LOUIS: *& plus bas*, Par le Roi, PHELYPEAUX. Vû au Conseil. Signé, DESMARETZ.

COMMISSION
POUR LE PARACHEVEMENT DE LA Vérification des Dettes des Communautez de Bourgogne.

LOUIS par la grace de Dieu, Roi de France & de Navarre : A nôtre tres-cher & bien amé petit-Fils Loüis Henri Duc de Bourbon, Prince de nôtre Sang, Pair & Grand Maître de France, Gouverneur & nôtre Lieutenant Général en nos Provinces de Bourgogne & Bresse, SALUT. Par nos Lettres Patentes du 10 Septembre 1709 & 17 Novembre 1705, Nous aurions commis nôtre tres-cher & bien amé Fils le Duc de Bourbon, & le Sieur Pinon Intendant & Commissaire départi en nosdites Provinces, pour continuer de proceder à la Commission de la vérification des dettes des Communautez desdites Provinces de Bourgogne & Bresse, payement d'icelles, & autres choses contenuës en nosdites Lettres Patentes & Arrêt du Conseil: mais comme le décés de nôtre Fils le Duc de Bourbon est arrivé, & que Nous avons rapellé le Sieur Pinon, il est nécessaire d'y pourvoir. A CES CAUSES, Nous vous avons commis & député, & par ces Presentes commettons & députons pour proceder à ladite Commission comme auroit fait nôtredit Fils le Duc de Bourbon, & en consequence faire la liquidation des dettes desdites Communautez qui restent à vérifier, régler les moyens de faire les payemens des sommes liquidées, soit par imposition sur les contribuables, par forme de dîme & vente des communaux en fonds ou superficie, aliénation d'iceux pour un tems, faire les baux à ferme des droits & impositions qui seront établis pour faire lesdits payemens, décerner toutes contraintes contre les refusans de payer lesdits droits; pourvoir au payement des réparations à faire aux Eglises, maisons Curiales & autres desdites Communautez, avances & autres dépenses, & dettes généralement quelconques, tant pour le passé que pour l'avenir, ainsi & par les moyens qui seront par vous jugez les moins à la foule desdites Communautez, juger & décider tous procés tant civils que criminels, même connoître des cas de sédition & émotion qui pourroient arriver pour raison de ce, procéder en outre à la révision des comptes desdites Communautez, en juger tous les differends, circonstances & dépendances, faire & executer toutes les autres choses contenuës en nos Lettres Patentes & Arrêts du Conseil des 7 Octobre 1662, 22 Septembre 1665, 11 Juin 1668, 30 Mars 1671, 7 Aout 1683, & 17 Novembre 1705, & aux Arrêts de nôtre Conseil rendus en conséquence; aprouvant & validant généralement tout ce qui a été fait jusques à present, & le sera ci-après par vous conjointement avec le Sieur Trudaine que Nous avons commis au lieu du Sieur Pinon, par nos Lettres dattées du même jour. Voulons que tout ce qui sera par vous ordonné, circonstances & dépendances, soit executé nonobstant oposition, apellation & autres empêchemens généralement quelconques, & sans préjudice d'icelles; vous attribuant à cet effet toute Cour, pouvoir, autorité, Jurisdiction & connoissance, & icelles interdisons & deffendons à toutes nos Cours & autres Juges. Mandons au premier nôtre Huissier ou Sergent sur ce requis de faire pour l'entiere execution des Presentes, & des Jugemens qui seront par vous rendus, tous Exploits de commandemens, sommations, contraintes, & autres actes & Exploits nécessaires, sans demander autre permission. CAR tel est nôtre plaisir. DONNE' à Versailles le vingtiéme jour de Mai l'an de grace 1710, & de nôtre Regne le soixante-huitiéme. *Signé*, LOUIS; *& plus bas*, Par le Roi, PHELYPEAUX. Vû au Conseil. DESMARETZ.

EXTRAIT DES REGISTERS DU CONSEIL d'Etat.

SUR ce qui a été representé au Roi en son Conseil, que par differents Edits & Arrêts du Conseil deffenses ont été faites aux Maires, Echevins & Syndics, tant des Villes & Bourgs que des Communautez Villageoises, d'intenter aucun procés sous le nom desdites Communautez, sans l'avoir fait préalablement déliberer dans une Assemblée des Habitans, & sans en avoir ensuite obtenu la permission par écrit des Sieurs Commissaires départis par Sa Majesté dans les Provinces, lesquelles deffenses, suivant la disposition desdits Edits & Arrêts, sont fondées sur ce que ces procés étant souvent intentez par animosité & sans aucun prétexte légitime, les Communautez ne manquoient jamais de succomber aux dépens, ce qui entraînoit leur ruine; & comme l'expérience a fait connoître qu'on doit craindre les mêmes inconvénients par raport aux procés dans lesquels les Communautez sont deffenderesses, parce que les Maires, Echevins & Syndics les soutenans aussi sans fondement & par animosité contre les Demandeurs, ils ne manquent jamais d'y succomber, ce qui cause également la ruine desdites Communautes: A quoi étant important de remédier; Oüi le Raport du Sieur Desmaretz Conseiller Ordinaire au Conseil Royal, Controlleur Général des Finances: LE ROI EN SON CONSEIL a ordonné & ordonne que toutes les formalitez prescrites aux Maires, Echevins & Syndics tant des Villes que des Bourgs & Communautez Villageoises, pour intenter des procés sous le nom desdites Communautez, seront par eux observées dans les procés & instances ausquelles lesdites Communautez seront Deffenderesses, & que lesdits Edits & Arrêts du Conseil seront executez à cet égard ainsi & de la même maniere que pour les affaires où elles seront demanderesses, & ce sous les mêmes peines, tant contre lesdits Maires, Echevins & Syndics, que contre les Procureurs qui occuperont pour lesdites Communautez : Enjoint Sa Majesté aux Sieurs Intendans & Commissaires départis pour l'execution de ses ordres dans les Provinces & Généralitez du Royaume, de tenir la main à l'execution du present Arrêt. FAIT au Conseil d'Etat du Roi tenu à Marly le huitiéme jour d'Aout 1713. *Signé*, RANCHIN. Et collationné.

COMMISSION

A MONSIEUR DE LA BRIFFE, POUR le parachevement de la vérification des dettes des Communautés de la Province de Bourgogne.

LOUIS par la grace de Dieu Roi de France & de Navarre : A nôtre amé & feal Conseiller en nos Conseils, Maître des Requêtes ordinaire de nôtre Hôtel, le Sieur de la Briffe Intendant de Justice, Police & Finances en nos Provinces de Bourgogne & Bresse : SALUT. Nous aurions par nos Lettres Patentes du 10 Septembre 1709, nommé & député nôtre trés-cher & trés-amé Fils le Duc de Bourbon, Prince de nôtre Sang, Pair de France & Gouverneur, nôtre Lieutenant Général en nosdites Provinces de Bourgogne & Bresse, pour avec nôtre amé & feal Conseiller en nos Conseils, Maître des Requêtes ordinaire de nôtre Hôtel, le Sieur Pinon lors Intendant desdites Provinces, que Nous aurions commis par nos Lettres du 17 Novembre 1705, procéder au parachevement de la Commission de la vérification des dettes des Communautés de ladite Province de Bourgogne; mais le décés de nôtredit trés-cher & trés-amé Fils le Duc de Bourbon, étant arrivé, Nous aurions par autres nos Lettres du 20 Mai 1710, commis en sa place nôtre trés-cher & trés-amé Petit-Fils Loüis-Henri Duc de Bourbon, Prince de nôtre Sang, Pair de France, Gouverneur nôtre Lieutenant Général en nosdites Provinces de Bourgogne & Bresse, & par autres Lettres du même jour, Nous aurions commis au lieu & place dudit Pinon nôtre amé & féal Conseiller en nos Conseils, Maître des Requêtes ordinaire de nôtre Hôtel, le Sieur Trudaine lors Intendant de Justice, Police & Finances en nosdites Provinces de Bourgogne & Bresse, pour procéder au parachevement de ladite Commission avec nôtredit Petit-Fils Loüis-Henry Duc de Bourbon; & comme Nous avons rapellé prés de Nous ledit Sieur Trudaine, & qu'il est nécessaire de commettre une personne à sa place : A CES CAUSES, Nous vous avons commis, ordonné & député, & par ces Présentes signées de nôtre main, commettons, ordonnons & députons, pour procéder au parachevement de ladite Commission avec nôtredit Petit-Fils Loüis-Henry Duc de Bourbon, comme auroit fait ledit Sieur Trudaine, & en conséquence faire la liquidation des dettes desdites Communautés qui restent à vérifier, régler les moyens de faire les payements des sommes liquidées, soit par imposition sur les contribuables, par forme de dîme & vente des communaux en fonds ou superficie, alienation d'iceux pour un tems, faire les baux à ferme des impositions qui sont établies pour faire lesdits payements, décerner toutes contraintes contre les refusans de payer lesdits droits, pourvoir au payement des réparations à faire aux Eglises, maisons Curiales, & autres desdites Communautés, avances & autres dépenses, & dettes généralement quelconques, tant pour le passé que pour l'avenir, ainsi & par les moyens qui seront par vous jugez les moins à la foule desdites Communautés, juger & décider tous procés, tant civils que criminels, même connoître des cas de sédition & émotion qui pouroient arriver pour raison de ce; procéder en outre à la révision des comptes desdites Communautés, en juger tous les différends, circonstances & dépendances; faire & executer toutes les autres choses contenuës en nos Lettres Patentes des 27 Octobre 1662, 22 Septembre 1665, 11 Juin 1668, 30 Mars 1671, & 7 Aout 1683, & aux Arrêts de nôtre Conseil rendus en conséquence; aprouvant & validant généralement tout ce qui a été fait jusqu'à présent ; & qui le sera ci-aprés par vous Sieur de la Briffe, conjointement avec nôtredit Petit-Fils le Duc de Bourbon, & par vous seul en son absence, nonobstant ce qui est porté par nosdites Lettres du 27 Octobre 1662, ausquelles Nous avons dérogé & dérogeons pour ce regard ; voulons au surplus que vous examiniez les moyens les plus propres pour payer les charges ordinaires des Villes & Bourgs, autres que l'imposition ci-devant par Nous ordonnée ; ausquels moyens les Ecclesiastiques & les Privilégiez doivent contribuer, dont vous dresserez les Procés verbaux sur lesquels vous donnerez vos avis : & que vous teniez la main à l'execution de tous les Arrêts rendus en nôtre Conseil, portant Réglement pour la liquidation de toutes les dettes & charges, réparations, embellissements, & autres affaires généralement quelconques des Villes, Bourgs & Communautés de nôtredite Province de Bourgogne, conjointement avec nôtredit Petit-Fils le Duc de Bourbon, & par vous seul en son absence ; & que tout ce qui sera par vous ordonné, comme auroit pû faire ledit Sieur Trudaine, en vertu des pouvoirs énoncés en nosdites Lettres, & des Arrêts rendus en nôtre Conseil pour ce regard, circonstances & dépendances, soit executé nonobstant opositions ou apellations, & autres empêchements généralement quelconques, & sans préjudice d'icelles, vous attribuant à cet effet toute Cour, pouvoir, autorité, Jurisdiction & connoissance, & icelle interdisons & deffendons à toutes nos Cours & autres Juges. Mandons au premier nôtre Huissier ou Sergent requis sur ce, de faire pour l'entiere execution des Presentes & des Jugements qui seront par vous rendus, tous exploits, commandements, sommations, contraintes, & autres actes & exploits nécessaires, sans autre permission. CAR tel est nôtre plaisir : DONNE' à Versailles le quatriéme jour de Mars, l'an de grace 1712, & de nôtre Regne le soixante-neuviéme. *Signé*, LOUIS : *& plus bas*, Par le Roi, PHELYPEAUX. Vû au Conseil. DESMARETZ. Et scellé du grand Sceau de cire jaune.

A DIJON, De l'Imprimerie d'ANTOINE DE FAY
Imprimeur des Etats.